徐闻县革命老区发展史

徐闻县革命老区发展史编委会　编

SPM 南方出版传媒　广东人民出版社
·广州·

图书在版编目（CIP）数据

徐闻县革命老区发展史／徐闻县革命老区发展史编委会编. 一广州：广东人民出版社，2021.6

（全国革命老区县发展史丛书·广东卷）

ISBN 978-7-218-15107-6

Ⅰ. ①徐…　Ⅱ. ①徐…　Ⅲ. ①徐闻县—地方史　Ⅳ. ①K296.54

中国版本图书馆 CIP 数据核字（2021）第 111274 号

XUWEN XIAN GEMING LAOQU FAZHANSHI

徐闻县革命老区发展史

徐闻县革命老区发展史编委会　编　　　　版权所有　翻印必究

出 版 人：肖风华

责任编辑：窦兵兵
责任校对：吴丽平
装帧设计：张力平等
责任技编：吴彦斌　周星奎

出版发行：广东人民出版社
地　　址：广州市海珠区新港西路 204 号 2 号楼（邮政编码：510300）
电　　话：(020) 85716809（总编室）
传　　真：(020) 85716872
网　　址：http://www.gdpph.com
印　　刷：广州市浩诚印刷有限公司
开　　本：715mm×995mm　1/16
印　　张：15.25　　插 页：10　　字 数：190 千
版　　次：2021 年 6 月第 1 版
印　　次：2021 年 6 月第 1 次印刷
定　　价：90.00 元

如发现印装质量问题，影响阅读，请与出版社（020 - 85716849）联系调换。
售书热线：(020) 85716826

微信扫描二维码 ◀◀◀
您立即获得本书主要内容/
丛书介绍。

广东省编纂《革命老区县发展史》丛书
指导小组

组　　长：陈开枝（广东省老区建设促进会会长）

副组长：林华景（广东省老区建设促进会常务副会长）

宋宗约（广东省农业农村厅二级巡视员、广东省老
区建设促进会副会长）

刘文炎（广东省老区建设促进会副会长）

郑木胜（广东省老区建设促进会副会长）

姚泽源（广东省老区建设促进会副会长兼秘书长）

谭世勋（广东省老区建设促进会副会长）

廖纪坤（广东省农业农村厅总经济师）

办公室

主　　任：姚泽源（兼）

副主任：韦　浩（广东省农业农村厅扶贫协作与老区建设处
处长）

柯绍华（广东省老区建设促进会副秘书长）

伍依丽（广东省老区建设促进会副秘书长）

《徐闻县革命老区发展史》编委会

顾　　　问：李汉东（徐闻县委书记）

　　　　　　罗红霞（徐闻县委副书记、县长）

　　　　　　李　逸（徐闻县人大常委会党组书记、主任）

主　　　任：陈光力（徐闻县常委、县政府党组副书记）

常务副主任：张宗洪（徐闻县老区建设促进会会长）

副　主　任：谢胜捷（徐闻县委党史研究室主任）

　　　　　　郑燕倩（徐闻县委办副主任）

　　　　　　蔡仁贤（徐闻县政府办公室副主任）

　　　　　　何启扬（徐闻县委组织部副部长）

委　　　员：曾　权（徐闻老区建设促进会）

　　　　　　何　强（徐闻县委党史研究室）

　　　　　　邓开元（徐闻县民政局）

　　　　　　宁江红（徐闻县财政局）

　　　　　　黄明玲（徐闻县农业农村局）

　　　　　　符　跃（徐闻县水务局）

　　　　　　黄子峰（徐闻县统计局）

　　　　　　黄良应（徐闻县文化广电旅游体育局）

　　　　　　邓继农（徐闻县老区建设促进会）

　　　　　　符应宏（徐闻县老区建设促进会）

　　　　　　邓　斌（徐闻县老区建设促进会）

在举国欢庆新中国成立 70 周年前夕，中国老区建设促进会王健会长请我为《全国革命老区县发展史》丛书作序，作为一名在老区战斗过并得到老区人民生死相助的老兵，回首往事，心潮澎湃，感慨万千，深感义不容辞，欣然应允。

中国革命老区，是以毛泽东为代表的中国共产党人在领导人民推翻帝国主义、封建主义和官僚资本主义三座大山，争取民族独立和人民解放伟大斗争中建立的革命根据地，在这片红色的土地上，诞生了无数可歌可泣的革命英雄儿女，为后人树起了一座不朽的丰碑，她是新中国的摇篮，是党和军队的根。

在艰苦卓绝的战争年代，老区人民把自己的命运与中华民族的命运紧紧地联系在一起，与中国共产党和人民军队的命运紧紧地联系在一起，他们生死相依，患难与共。我曾亲历过战争年代，并得到过老区红哥红嫂的救助，切身感受到发生在身边的一幕幕撼天动地的革命故事，在那极其艰难的条件下，老区人民倾其所有、破家支前，不怕艰难困苦，不怕流血牺牲。"最后一碗米送去做军粮，最后一尺布送去做军装，最后一件老棉袄盖在担架上，最后一个亲骨肉送去上战场"，这是当时伟大的老区人民为建立新中国做出巨大牺牲的真实写照，它将永远镌刻在中国共产党、中国人民解放军、中华人民共和国的历史丰碑上。他们的光辉业绩永载史册，他们的革命精神必将影响一代又一代的革命新人，造就一代又一代的民族脊梁。

在社会主义革命和建设时期，革命老区和老区人民响应党的号召，面对落后的面貌、脆弱的经济、恶劣的生态环境，他们本色不变，精神不丢，自力更生，艰苦奋斗，干一行爱一行。始终坚持"革命理想高于天"，自觉做共产主义远大理想的坚定信仰者和忠实实践者，勇于向恶劣的自然环境和贫穷落后宣战，他们在各条战线上为国建功立业，用平凡的双手创造了一个又一个不平凡的奇迹，彰显了老区人的崇高精神和人格力量。

在改革开放的伟大进程中，老区人民解放思想，勇于创新，发奋图强，攻坚克难，老区的经济社会建设取得了辉煌成就。特别是在改变中国的面貌、中华民族的面貌、中国人民的面貌、中国共产党的面貌的伟大实践中发挥了至关重要的作用。老区人民既是改革开放的参与者，也是改革开放的推动者。

艰苦练意志，危难见精神。老区人民在近百年的革命战争、社会主义建设和改革开放的伟大实践中，孕育形成了伟大的老区精神：爱党信党、坚定不移的理想信念；舍生忘死、无私奉献的博大胸怀；不屈不挠、敢于胜利的英雄气概；自强不息、艰苦奋斗的顽强斗志；求真务实、开拓创新的科学态度；鱼水情深、生死相依的光荣传统。这是党和人民宝贵的精神财富、丰厚的政治资源，是凝心聚力、振奋民族精神的重要法宝，也是社会主义核心价值观的重要内容。

中国老区建设促进会怀着强烈的政治责任感和历史使命感，组织全国各地老促会人员克服困难，尽心竭力编纂《全国革命老区县发展史》丛书，记录老区的光辉历史和辉煌成就，传承红色基因，弘扬老区精神，是功在当代、利及千秋的一件大事。手捧这部丛书的部分书稿，读着书中的故事，倍感亲切，深感这部丛书具有资政、育人、存史的社会功能，有着重要的时代和历史价值。它是不忘初心、牢记使命的源头活水，是赞颂共产党、讴歌老区人民的一部精品力作，是弘扬老区精神、传承红色记忆的丰厚载体，是一项继承优秀传统文化、弘扬革命文化、发展社会主义先进文化，坚定"四个自信"的宏大文化工程。它必将成为一种文化品牌，为各界人士了解老区宣传老区支持老区提供一部有价值的研究史料。希望读者朋友们能从中了解并牢记这些为党和民族的利益不断奉献的老区人民，从中得到教益，汲取人生奋斗的精神动力。

新时代赋予新使命，新起点开启新征程。让我们更加紧密地团结在以习近平同志为核心的党中央周围，坚持以习近平新时代中国特色社会主义思想为指导，增强"四个意识"，坚定"四个自信"，做到"两个维护"，弘扬老区精神，铭记苦难辉煌。为实现"两个一百年"奋斗目标，实现中华民族伟大复兴的中国梦作出新的更大的贡献！

遇清田

2019 年 4 月 11 日

2017 年 6 月，中国老区建设促进会组织全国各地老促会启动编纂《全国革命老区县发展史》丛书，按照"建立中国共产党、成立中华人民共和国、推进改革开放和中国特色社会主义事业"三大里程碑的历史脉络，系统书写革命老区百年历史，深入挖掘革命老区红色文化资源，这对于充实丰富中国革命史籍宝库、在新时代传承红色基因、弘扬革命精神、强固根本，对于激励人们在新的历史条件下夺取中国特色社会主义伟大胜利，实现中华民族伟大复兴的中国梦具有重要意义。

丛书编纂以习近平新时代中国特色社会主义思想为指导，以《中国共产党历史》《中国共产党的九十年》等重要文献为基本依据，以党的领导为核心，以老区人民为主体，以老区发展为主线，体现历史进程特征，突出时代发展特色，坚持辩证唯物主义和历史唯物主义相统一、历史真实性与内容可读性相统一的原则，书写革命老区从站起来、富起来到强起来的光辉革命史、不懈奋斗史、辉煌成就史，把老区人民的伟大贡献、伟大创造、伟大成就、伟大精神充分展示出来，形成一部具有厚重历史特征和鲜明时代特色的精品力作。这是一部培根铸魂、守正创新，既为历史立言，又为时代服务，字里行间流淌着红色血脉、催生着革命激情的传世之作。丛书的编纂出版将成为讴歌党讴歌人民讴歌时代、传播红色文化、为革命老区和老区人民树碑立传的重要载体。

　　丛书按照编年体与纪事本末体相结合、以编年体为主的编写体例确定框架结构；运用时经事纬、点面结合的方式记述史实；坚持人事结合、以事带人的原则处理人与事的关系；采取夹叙夹议、叙论结合以叙为主的方法展开内容。做到了史料与史论、历史与现实、政治与学术统一，文献性、学术性、知识性相兼容。

　　为编纂好《全国革命老区县发展史》丛书，打造红色文化品牌，中国老区建设促进会认真组织积极协调，提出政治立场鲜明、史料真实准确、思想论述深刻、历史维度厚重、时代特色突出、编写体例规范、篇目布局合理、审读把关严格、出版制作精良的编纂出版总要求，力求达到革命史籍精品的精神高度、思想深度、知识广度、语言力度，增强丛书的权威性和社会影响力。各省（区、市）、市（州、盟）、县（市、区、旗）老促会的同志，以强烈的使命感、责任感和紧迫感，勇于担当，积极作为，认真实施，组织由老促会成员、专家学者等参加的十余万人编纂队伍。编纂工作主体责任在县，省、市组织协调、有力指导、审读把关。各方面人员以高度负责的精神和科学严谨的态度，满腔热情地投入工作，为丛书编纂出版做出了重要贡献。丛书编纂工作还得到了党和国家有关部委、地方各级党委政府及有关部门的大力支持和积极参与，社会各界也给予了热情帮助。中共中央政治局原委员、中央军委原副主席、原国务委员兼国防部长迟浩田上将，对老区人民怀有深厚感情，对革命老区建设发展十分关注，欣然为《全国革命老区县发展史》丛书作总序。

　　丛书由总册和 1599 部分册（每个革命老区县编纂 1 部分册）组成，共 1600 册。鉴于丛书所记述的史实内容多、时间跨度长和编纂时间紧，不妥之处，敬请批评指正。

中国老区建设促进会

● **县城风貌** ●

徐闻县徐城一隅（严森华摄）

中共徐闻县委、县政府大院门口（邓斌摄）

● 老区调研 ●

2017 年 2 月 3 日，广东省老促会会长陈开枝（前排左二），湛江市老促会会长麦马佑（前排左一）到徐闻县下洋镇那屋老区村调研（邓斌摄）

2019 年 12 月 17 日，中共徐闻县委书记李汉东（前排右二），县委常委陈光力（前排右三）到下洋镇才区村开展精准扶贫调研工作（徐闻县新闻报道中心提供）

2020 年 12 月 30 日，徐闻县委副书记、县长罗红霞（左三）视察革命老区新寮镇烟楼村（邓斌摄）

2020 年 12 月 13 日，徐闻县人大常委会党组书记、主任李逸（右二）到革命老区新寮镇调研（新寮镇党政办公室提供）

● 革命旧址 ●

解放战争时期中共徐闻县临时工委旧址（墩尾）纪念馆（邓斌摄）

抗日战争时期的徐闻县新寮镇烟楼村三雷地下革命联络站纪念馆，2010年5月修建（邓斌摄）

徐闻县烈士陵园纪念碑（徐闻县委党史研究室提供）

1943 年秋成立的中共前山国民中心小学临时支部旧址（邓斌摄）

烈士林飞雄故居（邓斌摄）

1949年2月，徐闻县第一武装连成立旧址（那屋村祠堂）（邓斌摄）

中国人民解放军第四十军
第一一八师解放海南岛渡
海作战指挥所旧址（徐闻
县委党史研究室提供）

位于徐闻县角尾乡蓬薯港的
解放海南岛渡海作战纪念碑
（徐闻县委党史研究室提供）

● 红色教育 ●

解放海南岛渡海作战启渡重要港口博赊港展示馆（邓斌摄）

徐闻县下洋中心小学革命教育长廊（邓斌摄）

● 解放海南岛战役 ●

解放海南岛渡海作战船行进途中（徐闻县委党史研究室提供）

解放海南岛战役中，首创用木帆船打退敌兵舰奇迹的"英雄船"（徐闻县委党史研究室提供）

军民全力备战，制作海练器材，为解放海南岛打下坚实的基础（徐闻县委党史研究室提供）

中国人民解放军第十五兵团赠给中共徐闻县委的"解放海南　功在徐闻"锦旗（徐闻县委党史研究室提供）

中国人民解放军第十五兵团赠给徐闻县人民政府的"有力支前　胜利保证"锦旗（徐闻县委党史研究室提供）

位于龙塘镇安留村的在解放海南岛战役中牺牲的解放军烈士墓（徐闻县委党史研究室提供）

解放海南岛渡海作战（灯楼角）启渡点碑文（徐闻县委党史研究室提供）

解放海南岛战役中缴获的国民党军队各种武器装备（徐闻县委党史研究室提供）

● 文物捐赠 ●

龙塘籍解放海南岛渡海作战船工何权家（左一）向广东革命历史博物馆捐赠革命文物（徐闻县委党史研究室提供）

解放海南岛战役中解放军指战员所用的行军被（徐闻县委党史研究室提供）

● 老区村新貌 ●

曲界镇革命老区村——三河村入村大道（邓斌摄）

抗日根据地村庄——下港村一角（邓斌摄）

角尾乡革命老区村——许
家寮村一角（翁晓明摄）

角尾乡革命老区村——
放坡村（翁晓明摄）

前山镇革命老区村——
冯村（邓斌摄）

下洋镇抗日根据地村庄——桐挖村（曾权摄）

新寮镇烟楼老区村文化广场一角（邓斌摄）

● 港口码头 ●

徐闻港综合交通枢纽大楼展雄姿（彭德才摄）

徐闻外罗渔港（张再漾摄）

● 教育卫生 ●

徐闻中学校园（严森华摄）

徐闻县人民医院（佚名摄）

● 道路建设 ●

徐闻县城进入南山港大道（彭德才摄）

徐闻县乡村公路（翁晓明摄）

● 农业特产 ●

徐闻"菠萝的海"一隅（陈北跑摄）

菠萝收获季节，装车待上市（陈北跑摄）

● 编修评审会 ●

《徐闻县革命老区发展史》编修评审会（邓斌摄）

《徐闻县革命老区发展史》编委会成员合影（邓斌摄）

微信扫描二维码
您立即开展本书的
延伸阅读。

青史留丹，永昭后人。

徐闻是一个革命历史辉煌、红色资源丰富的县份。为了更好地铭记历史，缅怀先烈，珍爱和平，大力弘扬革命老区精神，让红色基因在薪火相传中焕发出时代光彩，由《徐闻县革命老区发展史》编委会收集、整理编辑出版的《徐闻县革命老区发展史》，对于传承红色基因，发扬革命老区精神具有十分重要的意义。

位于中国大陆最南端的徐闻县，在艰苦卓绝的革命战争年代，一大批血气方刚的仁人志士在中国共产党倡导的抗日民族统一战线伟大旗帜的引领下，义无反顾、英勇善战，为保家卫国、捍卫民族尊严，谱写可歌可泣的英雄诗篇。当年，烽火燃烧、硝烟弥漫的痕迹还深深地印在这片古老的红土地上，成为永不磨灭的红色记忆。

谛听历史回响，徐闻人不会忘记：从1926年建立中共麻罗（外罗）特别支部开始，徐闻县党组织在革命时期从小到大，从弱到强，为开展革命斗争活动打下坚实的组织基础。他们在中国共产党的领导下，开展声势浩大的土地革命和抗日救亡活动，特别是在抗击日本侵略者的斗争中，青年抗日救国小组、抗日游击小分队等革命组织如雨后春笋般破土而出，广泛的民众抗日武装斗争风起云涌，星火燎原。众多革命先驱前赴后继、坚贞不屈、抛头颅洒热血的可贵精神，光芒闪烁，永昭后人！

解放战争时期，面临严峻的斗争形势，徐闻并没有停止革命活动，在恶劣的斗争环境中，依然重视发展中共党员工作，充分发挥党组织核心作用，坚持开展地下武装斗争活动。以林飞雄等人为代表的革命先驱冒着随时被捕、被杀头的危险，凭着对党的无限忠诚，机智勇敢地与敌人巧妙周旋，不断加强和壮大游击队。队伍由零星分散到集中统一，从小分队行动到大部队作战，有力地打击了国民党反动派的嚣张气焰，为中国人民的解放事业作出不可磨灭的贡献。他们那种傲骨凌然，那种"富贵不能淫，贫贱不能移，威武不能屈"的高风亮节，在当时乃至现在依然弥足珍贵。

1950 年 3 月，解放海南岛渡海作战，徐闻是前哨阵地，徐闻人民纷纷加入支援解放海南岛渡海作战行列。徐闻县成立支前司令部，在短短 2 个月的时间内，为南下解放大军组织征集捐献船只、筹备粮草、动员群众腾舍让铺、修路铺桥等。

徐闻参战船工驾船掌舵、压浪平涛、一往无前，与解放军指战员同生死共患难，浴血奋战，用鲜血和生命铸就了伟大的渡海作战精神，在解放海南岛战役史册上谱写了光辉灿烂的篇章。

解放海南岛战役，是一场残酷的海战。这场战争取得胜利，徐闻人民功不可没。解放海南岛战役结束后，中国人民解放军第十五兵团分别给中共徐闻县委、徐闻县人民政府赠送"解放海南　功在徐闻"、"有力支前　胜利保证"的两面锦旗。

在社会主义革命和社会主义建设时期，特别是改革开放以后，徐闻县革命老区面貌日新月异，发生了翻天覆地的变化。全县经济社会快速、稳定和健康发展，文化、教育、卫生和科技事业蒸蒸日上，民生大大改善，人民安居乐业，处处呈现一幅幅乡村美、农民富的壮丽画卷。

重温革命历史，追溯英雄壮举，书写老区发展新成就、新面貌，我们责无旁贷，所以编纂《徐闻县革命老区发展史》是历史责任使然。撰写该书的初衷，是更好地继承革命传统，解读老区精神，坚持毛泽东思想、邓小平理论和"三个代表"重要思想，努力践行科学发展观，在习近平新时代中国特色社会主义思想引领下，为实现"两个一百年"奋斗目标和中华民族伟大复兴的中国梦而奋斗。

革命战争的硝烟虽然早已散尽，但革命烈士雄风犹在，浩气长存，民族英烈，名垂史册。宝贵的老区精神对当今经济社会持续发展，仍然具有深远的意义和明确的现实作用。因此，我们必须继承革命遗志，不忘初心，牢记使命，砥砺前行。

在《徐闻县革命老区发展史》编纂过程中，编者认真翻史阅卷、深入调查采访、严谨考证撰写而成，可谓是一部主题鲜明、内容翔实、真切感人、丰富厚重的史书，是进行革命传统教育、传递正能量的生动教材，同时为后人留下一份不可多得的精神财富。相信这本书的出版，对人们深入了解徐闻、关注徐闻、关心徐闻、支持徐闻建设必将起到积极的感召作用。殷切期望后人从这本书中吸取精神营养，补充精神之钙，点亮信仰之灯，熔铸信念之魂，大力发扬革命前辈斗争精神和民族精神，艰苦奋斗，与时俱进，更新理念，不断发展，为实现全面建设小康社会作出新的更大的贡献。

《徐闻县革命老区发展史》编委会

2020 年 12 月 28 日

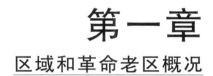

1

第一章

区域和革命老区概况

第一节 区域基本情况

一、地理位置

徐闻县隶属广东省湛江市，位于中国大陆最南端，三面环海。东滨南海，南临琼州海峡，与海南岛隔海相望，距离海口市 18 海里；北与雷州市接壤。徐闻县境东起前山镇的罗斗沙，西至西连镇的响尾角，南至龙塘镇的排尾角，北至下桥镇的山寮村，东北至和安镇的北莉岛，西南至角尾乡的灯楼角。

徐闻县是汉代海上丝绸之路南方始发港，直扼大陆通往海南和东南亚之咽喉，自古以来为兵家驻防和商旅之要地。北宋大文豪苏东坡被贬海南，途经徐闻时，曾曰："四州之人以徐闻为咽喉。"

由于地理位置特殊，徐闻历来是兵家必争之地，所以徐闻是一个具有光荣历史和革命传统、优秀红色基因的县份。革命前辈在保家卫国的烽火岁月里，坚贞不屈，浴血奋战，与日本侵略者、国民党反动派进行殊死斗争，谱写了可歌可泣的英雄诗篇。

二、历史沿革

徐闻县是岭南地区建置较早的县份之一。两千多年来，徐闻历经数度易名，析置，县治处所数次搬迁。

秦汉时期，徐闻属象郡。西汉元鼎六年（公元前 111 年）置徐闻县，属于合浦郡。县治设在徐闻县西南海滨讨网村（今南山镇二桥村）。其先后为合浦、珠崖、齐康、合州、南合州、徐闻等郡（州）署之驻地。

三国魏晋南北朝时期，三国吴赤乌五年（242 年），徐闻属珠崖郡，徐闻县治仍设在讨网村。晋太康元年（280 年），废珠崖郡，徐闻属合浦郡。南朝齐永明年间（483—493 年），徐闻县先改名乐康县，后又改为齐康县，并置齐康郡领之，属于广州。县治还设在讨网村。南朝梁普通四年（523 年），齐康县之地先后析置为齐康、扇沙、椹川（县）、模落、罗阿、雷州六县。南朝陈永定年间（557—559 年），改名齐康县。

隋唐时期，隋开皇九年（589 年），徐闻改名隋康县，隋康县析地始置海康县，属合州。隋大业三年（607 年），改合州为合浦郡，不久又置徐闻郡。唐武德四年（621 年），废徐闻郡，复置南合州，隋康县属之；贞观二年（628 年），隋康县复名徐闻县，隶属东合州，县治迁往麻鞋村（今南山镇芒海村）；贞观八年（634 年），改东合州为雷州，徐闻县隶之。后属岭南道雷州。

五代时期，徐闻县属南汉隶于雷州。

宋元明清时期，北宋太祖开宝四年（971 年），雷州改称雷州军（军，古时行政区划），次年徐闻并入海康县，称为时邑乡。南宋乾道七年（1171 年），复置徐闻县，县治迁宾朴村（今徐城旧城内）。明清时期，徐闻属雷州府。明天顺六年（1462 年），县治迁海安所城；明弘治十四年（1501 年），县治复迁宾朴村。

民国时期，1913 年，徐闻县属广东省高雷道；1926 年，属广东省南路行政委员公署；1932 年，属广东省南区绥靖委员公署；1936 年，属广东省第八区行政督察专员公署；1949 年，属广东省第十四区行政督察专员公署。

中华人民共和国成立后，1949 年 10 月，徐闻县隶属广东省南路专员公署；1950 年 9 月，属广东省高雷专员公署；1952 年 11 月至 1956 年 2 月，属广东省粤西行政公署；1956 年 2 月至 1983 年 8 月，属湛江专员公署（其间 1958 年 11 月，海康县南渡河以南辖区与徐闻合并，改置雷南县；1960 年 11 月，海康县南渡河以南辖区重归海康，复名徐闻县）；1983 年 9 月至今，属湛江市管辖。

三、区划概况

徐闻县简称"徐"。县人民政府驻地在徐城德新一路。2018 年，县辖 12 个镇（南山、下桥、海安、龙塘、前山、曲界、锦和、下洋、和安、新寮、迈陈、西连），2 个乡（城北、角尾），1 个街道（徐城），1 个省级经济开发区；辖村委会 175 个，居委会 25 个，1197 个自然村。县境内有农垦场 4 个（南华、五一、红星、友好），农垦集团公司 1 个（华海），橡胶研究所 1 个，国营防护林场 1 个，国营盐场 1 个，县属农场 1 个（大水桥），珊瑚礁国家级自然保护区 1 个。全县总人口约 76 万人，行政区域总面积 1979.6 平方千米。

四、区位与交通

徐闻县地处泛珠三角经济圈、环北部湾经济圈、东盟自由贸易区交汇处，水路连接粤、桂、琼三省（自治区）及东南亚地区，陆路伸入大西南经济腹地，是"一带一路"倡议的重要节点城市，是广东省对接海南和东盟国家的必经之地。国家发改委和广东、海南两省正在编制琼州海峡发展规划，规划建设粤琼经济合作区，并争取早日纳入国家区域经济发展规划，将为徐闻县带来新的发展机遇。

徐闻县境内有 207 国道、湛徐高速和粤海铁路贯穿南北，有中国最大的汽车轮渡港口海安港和亚洲第一大火车轮渡码头粤海铁路轮渡码头。2018 年，徐闻港口货物吞吐量 1.53 万吨，同比增长 12.2%，占湛江市的 50.6%。交通运输、仓储和邮政业实现增加值 15.22 亿元，同比增长 7.5%。

2018 年，徐闻县大力推进湛江徐闻港、湛徐高速徐闻港支线、进港公路等项目扩建改造。进港公路已投入使用，湛徐高速徐闻港支线已修通，2020 年 10 月 1 日已竣工投入营运。

五、自然资源

徐闻地形多低丘缓台地，地势大体是北高南低，自东北向西南倾斜。海拔 108 米以上山岭有 13 座，多分布在北中部地区，最高的石板岭在北部下桥镇境内，海拔 245.4 米。境内各地的火山喷发形迹和后期风化地貌，有碎屑锥（火山碎屑岩锥）如土秀湖和三塘沿海，混合锥（层火山）如北岭、石岭、石板岭，塌陷破火山口如田洋、福田洋，火山岩、玄武岩形成的石壁奇观和海峭岩奇观如廿四坑的小石林及海安文部南塘的柱状节理以及龙塘博赊港的海触岩等。这些都是罕见的不可再生的地质资源。火山地貌形成的浅海珊瑚礁，是中国大陆架上保存最好、面积最大、种类最多的海底珊瑚礁群，总面积达 109 平方千米。因此，徐闻拥有六个"中国之最"，一个"亚洲之最"：中国大陆最南端；中国大陆架浅海面积最大珊瑚礁群；中国最大菠萝生产基地（面积达 25 万亩）；中国南珠最大生产基地（年产量达 14.5 吨）；中国古代"海上丝绸之路"南方最早始发港；中国最大汽车轮渡港口；亚洲最大火车轮渡码头。

徐闻县属热带季风气候，日照充足，太阳辐射能丰富，年平均日照 2078.7 小时，年平均气温 23.6℃，年平均降雨量约为 1374.9 毫米，年平均蒸发量约为 1866.9 毫米，特别是 11 月至次年 4 月份的降雨量仅占全年降雨量的 15% 。徐闻四季如春，四时常绿，冬暖夏凉，气候宜人，自然环境优美，田园风光迷人，具有热带风情。历史人文景观丰富，传统文化、红色文化底蕴深厚，民俗风情特色鲜明。海鲜、羊肉及各类小吃风味独特。徐闻县被中国旅游产业联合会评为 "2013 年中国最美旅游城市"。

革命老区概况

一、基本情况

徐闻县被评定的革命老区镇 3 个（下洋、前山、新寮），老区村庄 233 个，其中抗日战争根据地村庄 25 个，解放战争游击根据地村庄 218 个，没有土地革命时期老区村庄。全县老区村庄分布于 14 个乡镇，1 个街道办。老区总人口 150453 人，占全县总人口的 20.7%。耕地面积 10522 公顷，占全县总面积的 20%。

二、革命老区镇

（一）下洋镇

下洋镇位于徐闻县东部，东临南海，西邻曲界镇，南接前山镇，北连锦和镇。距离徐闻县城 49 千米。行政区域面积 75 平方千米，其中耕地面积 2823.13 公顷，总人口 3.32 万人。2018 年，下洋镇辖 11 个村委会和 1 个居委区，共 89 个自然村。有老区村 59 个，老区人口 24480 人，老区分布于 11 个行政村。

下洋圩形成于清嘉庆年间，初名新市，后改名下洋圩。1945 年 5 月，该集市从村西迁到村东（现址），仍沿用原名下洋圩。

清以前，下洋属广东省雷州府徐闻县积善乡。民国初沿袭清制，1931 年设立下洋乡，属徐闻县第二区；1936 年称下洋镇；1941 年 10 月，乡镇调整后，复设下洋镇，为县辖镇；1948 年改称下洋乡。中华人民共和国成立后，1950 年 5 月，隶属徐闻县第二区，为第九行政村；1953 年 8 月，改为下洋乡，属徐闻县第六区；1958 年属锦和人民公社（也称上游公社）；1961 年 4 月，从锦和公社析出，成立下洋人民公社；1983 年 10 月改为下洋区；1987 年 3 月复称下洋镇。

下洋镇地处南海之滨，地势自北向南倾斜，地形为缓坡台地，土壤类型沿海为沙壤土，内陆为砖红壤土。年平均气温 23℃，年平均降雨量 1980 毫米。港北溪、姑村溪、尖岭溪从境内自西向东流入大海。有 12 千米长的海岸线，浅海滩涂面积 1133. 3 公顷。沙滩地带蕴藏有丰富的钛、锆英矿土。大陆架拥有 20 多千米长、10 多千米宽的珊瑚石。水产资源丰富，海区盛产马鲛、白鲳、黄花鱼等。2018 年全镇农牧渔业总产值 5176 万元，同比增长 4.9％。是年，全镇北运蔬菜种植面积 733. 5 公顷；香蕉种植面积 333. 5 公顷；其他农作物（甘蔗、良姜、花生、毛薯等）种植面积 666. 7 公顷。捕捞的海产品有马鲛、白鲳、红蚝、海胆等。海洋捕捞渔船 159 艘，年产值约 700 万元。下洋镇属于徐闻县农渔并举发展的重要乡镇之一。

下洋镇在徐闻县乃至雷州半岛地区的革命史上，有其光辉的一页。土地革命战争、抗日战争、解放战争等各个革命斗争历史时期，下洋儿女在中国共产党的领导下，高举爱国主义旗帜，为革命斗争输送了不少杰出英才。特别是 1937 年全面抗日战争爆发后，在长期艰苦努力，广泛发动群众，得到大力支持，下洋革命先驱们建立抗日根据地。他们在南路党组织领导下，秘密发展党员，建立党的基层组织，组建抗日武装，至此游击小组等各种抗日力量迅速发展。下洋各界人士团结在抗日民族统一战线政策旗帜下，开展抗日救国运动，同仇敌忾，共御外侮，前赴后继，英勇抗战，在徐闻革命斗争史上写下可歌可泣的壮丽篇章。

1942 年 3 月，在下洋后村小学建立中共徐闻特别支部，成为领导下洋抗日武装的党组织之一。在党组织领导下，下洋人民抗日热情高涨。1944 年，日、伪军虽然侵占徐城，却很少敢于从陆路侵犯下洋。1945 年 2 月 13 日夜，在南路人民抗日解放军第一支队第一大队的配合下，发动了震惊雷州半岛的下洋武装起义。1946 年至 1947 年春，陈德盈、王强组织了两支武工队，活跃于下洋一带，开展小规模斗争活动，打击国民党乡、保武装，建立地下游击小组。1947 年底至 1948 年初，郑质光和谭国强受组织委派先后返回徐闻，加强革命领导力量。一是恢复、整顿、充实各村游击小组；二是组建、调整各地武工队，并以下洋为中心，在下洋、前山、龙塘、曲界、锦囊、外罗等地 100 多个村庄建立了革命据点；三是在下洋建立交通联络情报总站，设立交通情报网点。1949 月 1 月，粤桂边区第二支队第八团南下徐闻，在下洋墩尾村成立了中共徐闻县临时工作委员会。1949 年 4 月 1 日，徐闻县人民政府在下洋圩正式宣告成立。同月上旬，徐闻县工作委员会在下洋圩成立。8 月，中共徐闻县委在下洋圩正式成立。为发展壮大人民武装力量，中共徐闻组织扩编武工队，在下洋先后建立了武装排、第一武装连、徐闻县独立营等，为徐闻的解放事业作出了不可磨灭的贡献。

（二）前山镇

前山镇位于徐闻县东南部，西依曲界镇，北接下洋镇，南邻龙塘镇，东濒南海。距离徐闻县城 46 千米。辖 13 个村委会，2 个居民社区，1 个镇办农场，81 个自然村，行政区域面积 116 平方千米，耕地面积 6.9 万亩，其中坡地面积 5.25 万亩。总人口 4.7 万人。有老区村 46 个，老区人口 19575 人，老区分布于 13 个行政村。

前山镇辖境于明清时属徐闻县的积善乡，清乾隆八年（1743

年）始建于前山圩。1931 年 8 月置前山镇；1946 年 4 月改称前山乡，中华人民共和国成立初期仍称前山乡；1950 年 5 月撤乡设区，属徐闻县第二区管辖；1957 年复置前山乡；1958 年划归曲界人民公社；1961 年成立前山人民公社；1983 年 10 月，改设前山区；1987 年撤区复建前山镇。

前山镇是徐闻县开展革命活动较早的地区之一。1943 年初，中共党员林飞雄经党组织的同意，辞去国民党徐闻县府职务，到前山国民中心小学（今前山飞雄小学）任校长，将全校教师发展为革命人士，一边教书一边开展革命活动，使前山小学成为徐闻地下党革命活动基地。1943 年秋，林飞雄与王玉颜等秘密组建了中共前山国民中心小学临时支部，王玉颜担任支部书记。临时支部成立时只有党员 3 人，分别是王玉颜、林飞雄、陈少莲。为推进抗日救亡运动，中共前山国民中心小学临时支部组织抗日宣传队、歌咏队等进步团体到各村庄演出小话剧《末路途穷》《兄妹开荒》《月饼吞不下》等，教育商人、群众抵制日货，并组织前山群众募捐 5000 块银圆、金银首饰一大批，支援前方抗战的八路军和新四军。在临时支部的领导和组织下，邓如大、陈大应、林诗仁、阮光弼、林绵香、黄培昌、蔡安高、符乃栋、李春云、蒋家兴、何世霭等进步青年和社会人士经常到学校编写小话剧和雷歌，画漫画，出墙报，积极参加抗日救亡宣传活动。

1943 年 10 月，由林飞雄、陈少莲介绍，临时支部吸收了该校学生杨奕生加入中国共产党。同年冬，在林飞雄的发动下，冯村进步青年陈大应、陈大就积极创办抗日夜校，有 50 多人参加了夜校学习。这一年，还吸收了方野、谭国强、张宗彩、林树松、林昌威、张典桥等人加入了中国共产党。1944 年初，共产党员陈少珍调入前山国民中心小学，王玉颜则调离该小学，林飞雄接任临时支部书记。

随着前山一带抗日救亡运动日益展开，国民党徐闻县县长陈桐于 1945 年 5 月以"异党活动"的罪名下令撤销林飞雄前山国民中心小学校长职务，并以"驱逐汉奸"为名勒令外来教师在一个月内离开徐闻。陈桐还写信威胁林飞雄及其父亲，派遣特务监视林飞雄的行动。国民党徐闻县执行委员会书记张光斗也以封官许愿来诱惑林飞雄。他对林飞雄说："只要你不干那种事（即革命活动），你就可以到国民党徐闻县政府当官。"面对张牙舞爪、假仁假义的国民党反动当局，林飞雄不为其所吓倒，不为名利所动心。为了揭穿国民党反动派的阴谋，杨奕生冒着生命危险，毅然带领 20 多名进步学生到国民党前山镇公所抗议、请愿。他们质问国民党前山镇镇长黄尔昌："难道林飞雄校长和教师们宣传抗日救国也有罪吗？你们为什么要迫害他们？"他们要求国民党徐闻当局收回命令，但遭到拒绝。

林飞雄审时度势，一边通过上层社会关系，妥善安排外地革命教师撤离学校，其中陈少莲撤往新寮中心学校，陈少珍撤往墩尾村学校；一边安排学生提前进行毕业考试。6 月，林飞雄为学生们颁发毕业证书后，就撤出了前山国民中心小学，秘密回到家乡下洋镇地塘村，继续开展革命工作。至此，中共前山国民中心小学临时支部自行解散，前山地区的革命工作则交由共产党员杨奕生负责。杨奕生离开学校后，回到家乡曾家村继续开展革命活动。他组建抗日游击小组，加强前山姐妹会建设，并利用村小学举办夜校，对广大群众进行革命思想教育。此外，他还派遣抗日游击小组成员杨昌全等到下洋地塘、下港、枝仔等地开展联络工作。正因为这样，前山地区的革命活动继续正常开展。杨奕生1947 年 3 月与共产党员陈德盈等人积极发动群众，扩大革命武装力量，开展"抗三征"（征兵、征粮、征税）运动，给前山国民党反动势力沉重打击。敌人对革命人士极力镇压，于 6 月 3 日在徐闻东区制造 28 人围捕的流血事件，杨奕生在突围中受伤，不幸被捕。面对敌人的诱降，他严词痛斥；敌人对他施以酷刑审讯，他坚贞不屈，于 1947 年 6 月 4 日，被敌人杀害。中共前山国民中心小学临时支部的成立，标志着中共徐闻组织在抗日战争中进入了大发展时期。临时党支部以前山国民中心小学为活动中心，教育和培养了杨奕生、邓承浩、廖正福、林诗礼、杨奕存、柯道中、林树柏、杨永清、蒋碧华、林世玉、杨昌彩等 40 多名学生走上革命道路，使之成为前山地区乃至徐闻革命斗争的坚强力量。

前山镇地处热带季风气候区，地貌多低丘台地，地势由西北向东南缓斜，气候温暖，雨量充沛。年平均气温为 23.6℃，年日照时数为 2161.6 小时，年平均雨量为 1830.3 毫米。土地肥沃，部分农作物一年可三熟。海岸线长 23 千米，港湾滩涂 3 万多亩。由于山塘水库多，雨量充沛，适宜农业生产。农业是前山镇经济的基础，前山镇充分发挥特色产业带动增收作用，积极调整农牧渔产业结构，逐步形成以种植香蕉、甘蔗、菠萝、反季节瓜菜等经济作物为主的生产基地，着力打造曹家村"双高"糖蔗生产示范基地，大力发展六角井村无公害蔬菜和观光农业。

（三）新寮镇

新寮镇位于徐闻县东北部，东濒南海，北部及西部与和安镇相邻，南与锦和镇、外罗埠隔海相望，是徐闻县唯一的海岛建制镇。距离县城 63 千米。2018 年全镇辖 10 个村委会 81 个自然村，镇办农场 1 个，行政区域面积 46.2 平方千米，耕地面积 1.2 万亩，总人口 3.3 万人。有老区村 38 个，老区人口 15375 人，老区村分布于 10 个行政村。1949 年至 1955 年属海康县；1956 年划归徐闻县，属徐闻县第六区；1958 年 10 月，改为新寮公社；1983年，改为新寮区；1987 年，改为新寮镇至今。新寮镇四面环海，有新丰、南湾、三丰、八一、港六、后海、塘口、北尾、东塘、堰头等 11 条海堤，保卫全岛，保护家园。

新寮镇属于海岛革命老区，过去虽然交通不便，环境恶劣，但岛内外革命人士秘密往来，联络沟通，互应互帮，坚持开展地下革命斗争活动。中共党员陆锦伦被派到新寮岛后，亲自为曾因组织学生罢课而遭学校开除的郑茂如等 5 名进步学生说情，使他们最终得以归校。陆锦伦在岛上除了组织学生成立抗日救国团体，在新寮北尾小学（时称新寮一小）大力开展抗日救亡活动之外，还带领进步学生深入新寮岛各村庄进行抗日宣传。在他们的宣传发动下，新寮人民抗日觉悟不断提高，抗日活动热情高涨。陆锦伦频繁活动，逐渐引起国民党反动派注意，他们极力干预和阻挠。1944 年上半年，由于国民党海康当局暗中盯梢，伺机迫害，陆锦伦只好按照党组织安排，离开了新寮岛。1944 年 7 月，革命青年李时用、王恩淼、唐家秀按照陆锦伦撤离新寮前的部署，潜入了国民党新寮乡政府，李时用担任副乡长，王恩淼、唐家秀担任干事。他们以公开合法的身份，贯彻执行党的抗日民族统一战线，组织一支 30 多人的抗日联防哨船队和一支 10 多人的乡队。李时用、陈汉参分别任新寮乡抗日联防哨船队总指挥和船长，唐志土任乡队队长。新寮乡抗日联防哨船队、乡队是革命骨干潜入国民党基层政权后成功组建的两支抗日武装队伍，其主要任务是：抗日联防哨船队负责海面巡逻，保护渔民海上安全生产，抗击日军海上骚扰；乡队则防止伪军"和平队"从海康东里、调风一带进犯新寮岛。

同时，在新寮岛内北尾、建寮、烟楼、东坑、港六、南边园等村庄也成立了抗日游击小组，游击小组共有成员 50 多人，分别由唐志土、郑茂如、邱德谋、韩启瑞、邱文雄、李时用等任组长。

1944 年 9 月，两艘日军机帆船从广州开往海南岛经新寮岛东部海面三闩时，公然向附近渔民开枪射击。接到渔民报告后，唐志士立即带领乡队前往三闩阻击,李时用则带领抗日联防哨船队开往外罗港拦截日军。在新寮乡抗日联防哨船队、乡队的两面夹攻下,敌船上的日军惊慌失措,企图寻机逃跑。这时,恰逢退潮,敌船搁浅。日军见此情形,只好停止射击。抗日联防哨船队和乡队随即停止进攻,将敌船重重包围起来,以逼迫日军投降。日军死守机帆船,既不敢弃船上岸,也不让抗日联防哨船队、乡队靠近。就这样僵持对峙到第二天下午,日军迫于无奈,只好派人向抗日联防哨船队、乡队表明投降意愿。于是,抗日联防哨船队和乡队把船上日军押回新寮乡公所。新寮三闩阻击战,截获日军机帆船2艘,俘虏日军30人,其中军官1人,缴获机枪2挺、步枪10多支、手枪1支、子弹一批。这次海上战斗有力地打击了日军的嚣张气焰,极大地鼓舞了当地人民的抗日斗志。面对新寮乡抗日联防哨船队和乡队所取得的胜利,国民党海康当局却慑于日本侵略军的压力,不仅将全部缴获物资送还日军,释放日军俘虏,责备乡队"不经批准乱扣日军",还逮捕了副乡长李时用(后由群众联名担保获释),解散乡队和抗日联防哨船队。这一事件发生后,新寮革命斗争被迫由公开形式转入地下秘密活动。

1946年9月初,中共海康县东区片组织在新寮岛吸收韩启瑞、郑茂如、邱德谋、李时用、陈开森等人加入中国共产党,成立新寮党小组,韩启瑞任组长,属海康县党组织领导。

1947年9月初,中共海康县东区工委委员唐学清奉命从东里到新寮工作,指导成立了中共新寮支部,有党员7人,韩启瑞任支部书记,委员有唐志土、邱德谋、谭少芳等人。鉴于徐闻县革命力量比较薄弱,中共南路组织便以新寮为据点,利用晚上划船潜渡到徐闻县附近的锦囊、外罗、下洋一带开展革命活动,天亮前又划船渡回到新寮岛隐蔽。11月初,中共广东南路组织为加强交通接应力量,除充分发挥烟楼村地下革命联络站作用外,还在岛上的东坑、东柑椗、建寮、南边园、洋前等村增设交通联络点。

1948年5月，新寮武工队建立，邱德谋任队长，韩启瑞任指导员，队员10多人。新寮武工队建立后，积极在海康县和徐闻县边境的东海仔地区开展武装斗争活动。当时，新寮武工队意识到国民党和安镇自卫队是武工队在海康、徐闻边境开展革命活动的最大障碍。经中共新寮支部委员会研究，决定瓦解国民党和安镇自卫队。新寮武工队立即派人到和安圩侦察地形和了解有关国民党和安镇自卫队的人员、武器装备和活动等方面的情况。国民党和安镇自卫队有队员10多人，驻守在和安镇炮楼，炮楼四周是平地，较难强行攻取。同时，他们还了解到国民党和安镇镇长逢集圩日都会出来逛街。根据所侦察到的情况，新寮武工队决定活捉该镇长，以达到巧妙瓦解其自卫队的目的。于是，在一个集圩日，武工队派出10多名队员，经化装后与赶圩农民一起分布街上准备实行捉捕行动，不料，当日该镇长并没有出来逛街。新寮武工队继续派人深入侦察该镇长的行踪。据新寮圩一位店铺老板反映，该镇长每天早上都到新寮圩某粥店吃早餐。一天早上，新寮武工队派出两名队员在粥店守候。7时许，该镇长果然到来，武工队队员也假装去吃粥，冷不防把手枪对准该镇长并申明共产党缴枪不杀的政策，他只好举手投降。武工队活捉该镇长后，立即将他押解到国民党和安镇自卫队驻守的炮楼，强制他命令其自卫队缴械，并把所有枪支及弹药从炮楼上吊下来。新寮武工队不费一枪一弹，通过智擒国民党和安镇镇长，巧妙地收缴了和安镇自卫队的日式长枪16支、驳壳枪3支及子弹一批，顺利地完成了瓦解国民党和安镇自卫队的任务。

新寮岛是流沙堆积岛，岛内没有水库山塘、溪流和山石，地表均是裸露的白沙土，但地下储藏有丰富的矿产资源，如锆、钨、铂等，含量较高；有38千米长的海岸线及近2200千米的中浅海沟，滩涂可开发利用发展海水养殖业，海水养殖品种主要有对虾、杂贝、网箱养鱼和青蟹等。新寮镇利用科技力量继续改造盐碱地，推动养殖产品产销一体化发展。

新寮镇农业以种植业为基础，主要种植番薯、花生、水稻等传统作物，番薯、花生闻名遐迩。2018 年，新寮镇实现社会总产值 44000 万元，同比增长 8.4%，其中农业总产值 30000 万元，同比增长 5.3%。

三、革命老区村的评定

（一）抗日战争时期根据地村庄

根据湛江市人民政府报经广东省政府备案确认，徐闻县下港等 25 个村庄为抗日根据地村庄的批复，1994 年 1 月 25 日，徐闻县人民政府下发《关于徐闻县下港等 25 个村庄被划为抗日根据地村庄的通知》（徐府发（〔1994〕12 号），并要求这些村庄珍惜荣誉，坚定不移贯彻党改革开放的基本路线，发扬革命前辈的优良传统，争取更大光荣，艰苦创业，为社会主义现代化建设多作贡献。被评定为抗日根据地村庄名单如下：

下洋镇：下港村、后村、净坡园村、田西湖村、程六村、西尾湖村、枝仔村、那屋村、黄塘村、内村园村、墩尾村、坎下村、石头坑村、桐挖村、边坡村。

新寮镇：北尾村、烟楼村、建寮村。

前山镇：冯村、曾家村、羌园村、禄齐村。

曲界镇：三河村。

龙塘镇：昌发村、锦山村。

（二）解放战争时期游击根据地村庄

根据湛江市人民政府《关于徐闻县要求评划解放战争游击根据地村庄问题的批复》（湛府发〔1993〕101 号），同意评定徐闻县新村仔等 190 个村庄和港六、城家 2 个管理区为解放战争游击根据地村庄。1994 年 1 月 25 日，徐闻县人民政府将湛江市人民政府批复的文件，分别转发到被评定为解放战争游击根据地村庄所在乡镇。被评定为解放战争游击根据地村庄名单如下：

下洋镇：新村仔、和家行、西尾、上园、梁村仔、藤厂、东园、桐挖湖、按口尾、后桥、弄坡、湾仔、福场、武赛坑、南尾宫、北墩楼、车路门、符宅、南门沟、乌辉塘、后堀、李宅、王宅、陈宅、姑村、龙江、黄家、坡头、田园、六黎、田西、北架尾、双沟、下坑、小苏、那潭、那全、含口、柳尾湖仔、边湖仔、崩墓、尖岭、楼前、甘塘。

新寮镇：西村、北村、坑口、场内、港头、西山、马草港、东坑、井仔、东南湾、西南湾、双星、南边园、新村、塘日、龙仔、后海、港六管区（辖港六、南寮、三岭、湖仔、北坑仔、北园、北沟、永安、后坑仔、后塘、明塘等 11 条村庄）、洋前、大村、西边塘、下海、塘边、田头、鲎藤。

前山镇：孙田、北礼、帮沟塘、昌仔、前山尾、禄尾、南安、科家、方宅、叶宅、孝友、胜利、安家园、后岭、六角井、红坎、复兴、港尾、外墩、边溪、后坑、加田湖、禄高、梁宅、丁村、西港、南边田、墩尾、旧圩、后村、深水、本坑、后吉尾、甲村、积水湖、红坎溪、和家、北松、永安、山海、邓宅后海。

龙塘镇：槟榔园、西洋、那宋、合山园、龙榜、岸东、大家、黄定、过眼、东兴、下海、孔吟、白水塘、良姜、大塘、吴家田、安永、田青、棚寮。

锦和镇：那楚、新村、城内、大乳湖、洋尾仔、金沟、龙群、迈傲、坑仔。

曲界镇：廖家、仙安、马家、巡宫、大湖、金满堂、调西边山、军村、城家管区（辖后寮、坑尾、谭宅、窦宅、城家 5 个村庄）。

迈陈镇：田圯、北海仔、东莞、九皮、那朗。

下桥镇：南田、高田、北良、沟尾、陈宅、横都、下桥。

城南乡：龙埚、东寮。

五里乡：唐家、竹山、里港。

徐城镇：西门。

海安镇：白沙、水井、寮仔、坑仔、新桥。

外罗镇：白茅。

城北乡：后坡寮。

角尾乡：放坡、许家寮。

西连镇：瓜藤。

大黄乡：坡塘。

和安镇：南寮、茅园、沙土园、后海、土港、后宫、金鸡、上坑仔、冬塘、公港、新村场、边坑、下寮、水头。

（说明：2003 年 7 月，原城南乡、原五里乡合并，更名为南山镇；原大黄乡撤销，部分村庄划入迈陈镇，小部分划入城北乡；原外罗镇撤销，划入锦和镇。）

第二章

大革命和土地革命战争时期

党组织建立前的社会状况

一、落后的社会经济

清末民初，徐闻县自然灾害频繁，主要有干旱、台风等。历来有"十年九旱，年年春旱"之说。小旱几乎年年都有。每逢大旱，渠道断流，田畴龟裂，大部分作物枯死，人畜饮水紧缺，人民群众只能忍受煎熬，有的被迫背井离乡逃到外地求生。据史书记载：1848 年，大旱持续了 200 多天，田地龟裂，水稻八成失收，饿死者不计其数。

徐闻县地处台风带，每年夏秋季节通常都遭受几次台风。每次台风，狂风大作，暴雨倾盆，海潮暴涨，房屋、渔船、农作物大量被摧毁，人民的生命财产遭到巨大威胁。1864 年，全县遭遇多次台风袭击，官府衙门、寺庙、民房都被损毁。

虎患也困扰着徐闻人民。《徐闻县志》记载："顺治十年徐大饥病虎伤人民死者殆尽。"虎患严重地破坏了人们的正常生活，威胁了人民生命财产安全。20 世纪初期，徐闻县商会统计，全县每年死于虎口者有 300 多人，被老虎吃掉的牛、羊、猪、狗等牲畜更是不计其数。在恶劣的自然环境面前，历代封建王朝都无能为力，人民群众虽然怨声载道，但只能听天由命，受尽自然灾害的折磨。

20 世纪初期，由于军阀混战，封建官吏、土豪劣绅横征暴敛，土匪蜂起，徐闻社会较为动荡，社会生产处于极其落后的状态。农业生产是较原始式的刀耕火种，主要依靠人力畜力进行，劳动效率较低，加上缺少水利设施保障和科学技术作指导，农业生产常年失收或歉收，许多农民食不果腹；工业基础较差，缺少电力，发展缓慢，只有"五匠"（木匠、铁匠、石匠、篾匠、皮匠）和"五坊"（糖坊、米坊、油坊、酒坊、豆腐坊）等小手工业，但设施简陋；盐业、糖业生产虽有较久的历史，但规模有限，且日趋衰落；商业虽有一些圩镇和集市贸易点，但由于生产落后，商品交换也很有限，本地上市商品寥寥无几，而资本主义国家的商品（俗称"洋货"）却大肆占领市场；县内水陆交通不便，消息闭塞，在一定程度上也制约了徐闻经济的发展。由于社会经济落后，徐闻人民生活在水深火热之中。他们只能在困境中度日，在夹缝中求生存。

二、腐败的社会制度

中华民国成立后，大军阀袁世凯于 1912 年 3 月即窃取了辛亥革命的果实，继而以北京为首都建立起北洋军阀的反动统治。袁世凯掌握政权后，为了加强对广东的统治，派龙济光为广东安抚使，率济军入粤。1913 年 8 月，龙济光就任广东都督兼民政长，掌握广东的军政大权。接着，龙济光派其亲信王纯良为高雷镇守使，率领大批济军进驻高雷地区。此后的三年多时间里，高雷地区处于龙济光的封建专制统治之下。龙济光盘踞广东期间，对广东全面实行封建军事专制统治，残酷镇压革命党人，竭力维护封建统治，在经济上横征暴敛，在思想文化上摧残民主、窒息舆论，导致处处怨声载道，民不聊生。

20 世纪初，盘踞广东南路地区的反动军阀先后有龙济光、邓本殷。在他们统治期间，各种苛捐杂税多如牛毛，如"娶老婆有税，人头有税，甚至猪牛鸡鸭也莫不有税"；同时，还强行苛抽田赋，勒令各县要提前预征几年后的钱粮。军阀操纵下的地方政权，"一县在数月之内可易几十县长"，这使农民根本无法完纳新、旧县长所征收的新旧钱粮，并且还无休止地被差丁和县署所设的粮站搜刮去种种杂费。各县的民团总局（或联团总局、保卫总局）和各区的民团局（或联团局、保卫分局）及各乡团局，均由豪绅充任局长或局董，拥有数十名团兵，苛抽农民田亩捐，以牛捐、猪捐、户口捐等手段，保护地主阶级的利益。

反动军阀们为巩固其统治地位，还充当帝国主义的走狗，使徐闻人民在政治上、经济上饱受帝国主义、封建主义、官僚资本主义的压迫和军阀割据的蹂躏，到处生灵涂炭，哀鸿遍地，民不聊生。由于受帝国主义、封建主义和官僚资本主义的残酷剥削和压迫，徐闻人民的命运尽掌握在军阀、封建官吏或土豪劣绅手里，没有任何平等自由的权利，如稍有不从，就会遭受监禁，甚至招来杀身之祸。贫苦人民遭受的迫害日益加剧。

三、严重的土匪祸患

清末民初，由于军阀混战，地方政府腐败无能，致使人民流离失所。一些乡民不堪贫困，铤而走险，沦为土匪。1916年，广州湾成为土匪的大本营。李福隆（海康县企水人）等匪首在帝国主义者的扶植和支持下，气焰日盛。1918年，由于国民政府派兵围剿，土匪在广州湾无法立足，便陆续南移。以李福隆、陈振彪（又名造甲三，太平造甲村人）为首的多股匪帮先后从广州湾、海康等地窜入徐闻深山密林之中，安营扎寨。土匪占据徐闻山林后，与广州湾的帝国主义者互相勾结，并拉拢一些地方土豪劣绅，收集散兵游勇，购买枪支，囤积粮草，扩充队伍，在广州湾至徐闻沿途的客路、城月、南兴、龙门、英利、下桥等圩镇设立联络站点，收集情报，推销赃物。甚至还在英利镇圩设立秘密枪械所，制造枪支弹药。一些流氓、歹徒及破产农民、无业游民相继加入匪帮。在广州湾帝国主义者给予军火资助下，加上地方政府清剿不力，致使土匪势力愈来愈盛。

至1924年，在雷州半岛2万多名土匪中，聚集于徐闻的土匪就有五千余人。当时的《中国农民》发表文章惊呼："南路土匪之多，为广东全省冠，亦可说为全国之冠，而雷州土匪之多，又为南路各属冠。"在土匪为害之下，徐闻呈现一片"千村薜荔人遗矢，万户萧疏鬼唱歌"的悲惨景象。许多乡村农绝耕，商绝市，旅绝途，尸横遍野，白骨铺路，令人惨不忍睹。至1926年，土匪在徐闻的黄定、沟尾、迈老埚、四方山、老宿地、仙桥、三品斋、安马等地建有匪寨200多个，下桥、龙塘、曲界、前山、锦囊等地几乎沦为匪区。

在雷州半岛三县（遂溪、海康、徐闻）中，徐闻为经受匪患时间最长、受害最深的县份。在长达18年的匪患中，这些土匪无恶不作，残害人民手段歹毒，造成生灵涂炭，民不聊生。土匪常常以掳掠到的人当人质，进行敲诈勒索。为赎回亲人，不少人卖尽家产，背上沉重债务。土匪还常用极其残忍的手段杀害交不出赎金的穷人，逼迫富人交出巨额赎金后才释放人质。

1920年5月25日，土匪攻陷徐闻县城，数十名群众被害，县长蔡荣春的小老婆和父亲被掳。同年夏，杨陈子股匪攻陷曲界圩，400多人惨遭杀害。1923年5月13日（农历三月廿八日），土匪劫掠龙塘镇锦山村，300余人惨死，其中有16户被杀绝，30多名妇女被轮奸后惨遭杀害。后该村将每年农历三月廿八日定为"祭亡日"，悼祭至今。1924年夏，土匪洗劫了那屯村，全村2500多人，仅有300余人生还，有24户被杀绝。村民吴荣卿一家12人，只剩2人活命。1925年秋，土匪窜到角尾许家寮、放坡一带，抓走40多名7岁以下儿童，当"猪仔"贩运到海口出卖，船抵达海口时，40多名儿童全窒息于仓内，尸体被抛入大海。

在匪患期间，徐闻人民为求生存，各村纷纷自发自筹资金，购买枪支弹药，修筑炮楼工事，组织民团，武装抗击土匪。但因缺乏统一的组织指挥，加上武器装备较差，难以防范，大多失守。1926年夏，广东省农民协会南路办事处为了人民群众的生存，召开紧急会议，通过了《除暴安良决议案》，请求广州国民政府派兵剿匪。至1933年春，走投无路的残匪才接受招安投降。同年4月3日，国民革命军在海康雷城召开群众大会，集中枪决了215名凶悍土匪。至此，为害雷州半岛长达18年之久的匪患才得到平息。

1934年，徐城崇善堂李乔芬等人发动捐款募得700光银，雇人收拾徐闻境内被匪害者骸骨100多牛车，合葬于大水桥南面，命名"冤冢"。

匪患期间，全县有800多个村庄惨遭烧掠，其中上百个村庄被毁灭，上千户人家被杀绝。《剿办徐闻山匪之经过》一书曾记载："丑类麇集，何处蔑有，而凶残暴戾，无如徐闻之甚。"

党领导的工农革命运动

一、配合国民革命军南征

根据广大民众的强烈要求，实现军政、财政、民政的统一，广州国民政府于 1925 年 9 月作出了第二次南征邓本殷军阀势力的决定。

为了配合国民革命军南征，广州国民政府决定南路八属各县每县推选一名国民党员组成宣传团，随军出发南路。徐闻籍人吴运瑞在广州被国民党广东省党部任命为徐闻县党部筹备员，派返徐闻筹建县党部。中共广东区委在南征军出发前后，也派遣一批共产党员和共青团员到达南路，发动群众支援南征。同时，大革命时期雷州半岛工农运动领导人之一的程赓也受国民党中央农民部、中共广东区委、团广东区委的派遣，以国民党中央农民部特派员的身份随国民革命军第四军南下，开展以工农运动为中心的群众运动。

1925 年 10 月中旬，当国民革命军举行第二次东征时，时任粤军第六支队司令兼琼州善后处长的邓本殷乘机率部从雷州、高州、阳江向四邑（新会、台山、恩平、开平）进犯，以策应盘踞东江的军阀陈炯明。为此，广州国民政府命令驻守江门之第四军第十师师长陈铭枢率部予以阻击，10 月 30 日将敌军邓本殷部队打退，使四邑局势转危为安。

1925 年 11 月，在国民革命军南征的强大攻势下，邓本殷势穷力蹙，无法抵御国民革命军的进攻，只好留下八属联军黄志恒部队 3000 多人留守雷州孤城，他自己带着少数残余力量，撤往海南岛，后逃往安南（越南）。12 月下旬，程赓等带领民军占领了徐闻。这时，留守雷州城的邓本殷残军，由于弹尽粮绝，团长以上的军官逃避到广州法租界，军心非常涣散；加上徐闻为民军占据，无心再战。12 月 25 日，程赓等人领导 1000 多名民众，配合国民革命军所属民军王鸿饶部队攻克了雷州城。留守雷州城的八属联军黄志恒部队，弃城逃往海南岛。至此，雷州半岛得以光复。

雷州半岛全境光复后，百废待兴，各项善后工作迫在眉睫。这时，活动于雷州地区的共产党员和共青团员，在各地大张旗鼓地开展宣传活动。

从 1925 年底至 1926 年春夏间，程赓往返奔波于海康、徐闻两县之间，竭力开展农运工作。1925 年 12 月 29 日，海康县农民协会开始筹备，程赓积极参与筹备处的工作。当时革命活动经费非常困难，程赓省吃俭用，把每日仅有的 8 个毫元生活费也腾出一部分做活动费用。在他和其他农运干部的努力下，海康农会发展很快，1926 年 3 月成立后，仅一个月就有 3000 多人参加农会。同时，程赓还与农运特派员陈均达、陈克醒等人一道，在徐闻宣传发动农民，动员农民群众组织农会，并协助吴运瑞着手国民党徐闻县党部的筹组工作。在他们的努力下，徐城手工业者协会和博爱农民协会先后于 1926 年 3 月与 5 月成立。但由于遭到反动县长谭鸿任、保卫团总局长邓祖禹及政府课员陈兆萃等人的极力阻挠、破坏，国民党徐闻县党部的筹组工作陷入困境。直到 1927 年 4 月后，经过不懈努力，排除来自各方面的阻力，国民党徐闻县组织才建立。

二、徐城手工业者协会的建立

1924 年 1 月，国民党第一次全国代表大会在广州召开后，国共合作全面展开。广大共产党员、共青团员积极利用国共合作的有利条件，大力开展工农运动，全国工农运动逐步发展起来。

1926 年初，刚光复不久的徐闻，政治腐败，社会落后，自然条件恶劣，社会经济基础薄弱，革命工作难以开展。但程赓以革命工作为重，知难而进。他到徐闻后，积极宣传国共合作的革命主张，多次和当地国民党官员磋商筹建徐闻县党部的问题，同时深入徐闻乡村访贫问苦，宣传教育工农大众，组织工会、农会。3 月初，程赓与吴运瑞、郑一林等人在徐闻县城打铁街组织成立了徐闻县第一个工会组织——徐城手工业者协会。协会有打铁、打金、理发、雕刻等行业的人员参加。会员有曾庆云、卢有腾等 30 多人。

徐城手工业者协会是徐闻县建立的第一个工会组织，虽然规模小，存在时间短，但对当时徐闻反动统治阶级的地位有很大的威胁，第一次显示了工人阶级的力量，为徐闻后来工人运动的开展树立一面旗帜。

三、博爱农民协会的建立

1925 年 5 月，广东省农民协会成立后，随着革命运动的迅猛发展，广东农民运动进入了高潮，各地农民积极参加各项政治、军事斗争，农民运动呈现良好的发展势头。

1925 年底，国民革命军击败军阀邓本殷，雷州半岛得到光复后，程赓以国民党中央农民部特派员的身份返回徐闻，与吴运瑞、郑一林、欧景瑛等人发动开展工农运动。经吴运瑞、欧景瑛介绍，程赓认识了文岭乡（今属南山镇）博爱村进步青年戴元生。尔后，戴元生与他们一起参加革命活动，并被任为国民党徐闻县党部筹备处干事。

戴元生自幼聪明且有胆略，在少年时曾编唱雷歌："地主肚腩几尺厚，穷人骨头片皮包。这个世界不砸碎，我们穷人怎出头？"因而遭到该村地主的痛打，并被驱逐出村。1925 年，戴元生考进徐闻县立高等小学读书，开始接触进步人士，又受新文化、新思想的影响，思想倾向革命。当时，徐闻县反动县长谭鸿任极力反对革命，土匪也常骚扰县城。正当程赓等人为寻找一个安全的地方作为活动据点而犯愁的时候，戴元生自告奋勇带领他们到博爱村住下，国民党徐闻县党部筹备处就设在博爱村。为保护程赓等人的安全，戴元生组织村中青年日夜巡逻放哨。经过一段时间的宣传发动，博爱、北潭一带的穷苦农民纷纷起来参与革命斗争。在程赓、吴运瑞等人的领导下，1926 年 5 月 21 日，在博爱村炮楼建立了博爱农民协会，会员以本村农民为主，还有北潭、竹山、徐城等地群众加入，共 64 人。大会一致选举戴元生为农会主席。会上程赓代表上级农民协会为博爱农民协会授予会旗、会印，号召全体农会会员同心同德，把革命进行到底。5 月 23 日，戴元生带领农会会员往徐城会合工会会员一道游行示威，沿途张贴标语，高呼"打倒帝国主义！""打倒军阀！"等口号，还高唱戴元生编的雷歌："现依革命这宗旨，肃清土匪并污吏。土豪劣绅与军阀，一概拿来剃头皮。"

工农革命组织建立后，程赓立即召开工会、农会全体会员会议，制订行动方案：一是清仓平粜，打击垄断米谷，哄抬米价，剥削市民的不法地主和奸商；二是禁止使用不公平的升、斗、秤、尺，违者予以处罚；三是废除苛捐杂税；四是破除封建迷信，确立科学新观念；五是严防贪官污吏、土豪劣绅从中捣乱和破坏。接着，程赓和戴元生率领农会会员，手挥小旗，向县城进发。沿途高呼革命口号，张贴标语，轰动四周乡村，有数以千计的群众跟随工农革命队伍行进。工农革命运动在徐城开展起来了，工会、农会会员及人民群众，砸烂了竹山村地主杨乔伍的收租大斗，折断陈介生商行的硬秤，没收平枭源成号囤积居奇的大米，焚毁庙宇神像，仅城隍宫就烧毁神像400多个，轰跨虎头牌税所，协助剿匪军队，挖掉一批通匪济匪的地头蛇，恢复徐城正常秩序，群众欢天喜地。

但是，刚刚光复后的徐闻县，政治环境和社会秩序仍较混乱，不法官吏、土豪劣绅、旧军阀残余势力以及仇视农会的土匪势力等，仍然猖狂地活动于城乡之间，因而农民协会组织未能在徐闻县全面铺开建立，农民运动的力量相对弱小。反动县长谭鸿任下令解散农会，砸碎国民党徐闻县党部筹备处牌子，追捕工农运动领导人。在危急情况下，程赓只好安排戴元生赴海南府城琼海中学读书，而他自己则撤往海康县继续致力于农运工作。因此，轰动一时的博爱农民协会被迫解散。

四、赤坎仔农民协会的建立

1926年1月，国民党第二次全国代表大会闭幕后，反动势力的活动日益猖獗。3月到5月，蒋介石在广州相继制造"中山舰事件"和"整理党务案"，引起了国共关系的紧张。在国民党右派的怂恿和支持下，各地土豪、劣绅、民团大举进攻农会，杀害农运骨干和农民自卫军成员，恶性事件不断发生。对于土豪、劣绅、民团的进攻，中共广东区委指示各地农会组织力量展开反击。

1927年春，共产党员、南路农运特派员黄杰到海康县第七区赤坎仔乡（今徐闻县和安镇赤坎仔村）开展革命活动。4月，赤坎仔村进步农民颜立哉到雷城参加黄杰召开的农民骨干会议。会后，他广泛发动群众，联络贫苦农民，加入农民协会。6月14

日，在黄杰等人的领导和主持下，成立了有33人参加的赤坎仔农民协会和农民自卫军，颜立哉任主席。

颜立哉带领农民协会会员，举起犁头旗，闹得赤坎仔乡天翻地覆，土豪劣绅惶恐万分，贫苦农民喜笑颜开，无不拍手称快。继而，在颜立哉的领导下，农民协会又向乡民团局发起猛烈冲击，农民自卫军战士符有准等，一举收缴了本乡民团局13支长枪，使农民自卫军加强了装备，农民自卫军士气昂扬，乡民团局和土豪劣绅威风扫地。7月初，颜立哉带领农民协会骨干成员颜如田、李春轩、陈昌受、林九成、许其森等参加了海康县东海仔（今东里镇）农民暴动，给国民党反动武装以沉重的打击。

赤坎仔农民协会成立一个多月后，不甘心失败的土豪劣绅伺机报复，卷土重来，特别是凶残反动的乡民团局更加猖狂，开始反攻倒算，强迫农会缴枪，派兵逮捕农会会员。1927年，一时阴霾密布，血雨腥风，农会会员不堪重负。7月26日，农会主席颜立哉和农会骨干颜如田、李春轩、陈昌受、林九成、许其森被捕，并受到严刑拷打。颜立哉手脚被戴上镣铐，严加看管。乡民团局头子对他先是引诱说："只要你肯交代农会情况，就有生路。"颜立哉立场坚定，义正词严，大骂国民党右派祸国殃民。当天夜里，乡民团局再次审讯颜立哉，威胁他道："这是对你最后一次提审，若不讲出农会情况，就立即枪毙你！"颜立哉神色坦然，正气凛然地说："要杀要斩全由你们，怕死我就不参加革命了！"敌人见软的不行，就命令人把竹尖插入颜立哉口里，扎得他鲜血淋漓。当天夜里，赤坎仔乡反动民团局副局长黄树成指派刽子手将颜立哉押出村外秘密杀害。不久，颜如田、李春轩、陈昌受、林九成、许其森被乡民团局押到海康县城，后在城郊英勇就义。其他农会会员全都遭到乡民团局的敲诈勒索，总共勒索了几千块光洋。乡民团局副局长黄树成还强迫农会会员给他摆酒，大耍威风，农民群众对他非常愤恨。

赤坎仔农民协会虽然惨遭镇压，但广大人民群众从此认清了国民党右派的反动本质，坚定了革命的决心，为以后掀起大规模的革命活动打下了思想基础和群众基础。

五、中共麻罗特别支部的建立

徐闻地处雷州半岛最南端，远离广东省国民党的统治中心。当时由于土匪残杀和逃亡，全县只剩下五万人左右。由于人口稀少，无商贸往来，逼仄的街道冷冷清清，而地处徐闻东南部的麻罗（今外罗）港商贾云集，人来客往，革命活动易于隐蔽。所以，1927年下半年，中共南路特委就选定了拥有大批木匠船工、人口稠密的麻罗港为革命基地，发展党组织。不久，中共南路特委派党员骨干到麻罗港开展工作，秘密建立了徐闻县第一个党组织——中共麻罗特别支部（下称中共麻罗特支）。同年11月，中共广东省委撤销中共南路特委，任命杨石魂为中共广东南路巡视员，代表广东省委指导南路地区的工作，主要任务是改组各县区的党组织，为在徐闻再次掀起工农运动打好基础。1928年1月，中共广东省委研究制定了《南路工作计划》，提出了南路地区发展党员的数量，要求6月底达到1万名党员，其中徐闻要发展党员200名；同时要求"注意普遍的从雇农、佃农中发展，这样，党才布尔什维克化"。根据这一指示，中共麻罗特支加紧在麻罗港及邻港村庄，物色发展对象，至2月底，中共麻罗特支共有党员20名。中共麻罗特支成立后，布置党员或下渔船，或深入农村，收集武器，组织赤卫队，准备开展武装斗争。

1928年4月，根据中共广东省委的指示，产生了以杨石魂为书记的新的中共南路特委。4月20日，杨石魂主持召开了徐闻、海康、遂溪三县负责人联席会议，部署了雷州地区的工作，特别对徐闻党组织的工作做出了明确的安排。会上，中共南路特委将中共麻罗特支改组为中共麻罗区委，下辖三个乡村党支部，党员20名，中共麻罗区委暂归中共海康县委领导。此后，麻罗的革命斗争活动不断拓展，并在附近的锦和、下洋、曲界等地秘密建立了工会、农会、渔会，扩大了赤卫队等团体组织。与此同时，中共麻罗区委还派人打入麻罗区四十民团（因该地土匪活动猖獗而成立），试图掌握这支拥有100多人的武装队伍。创造条件，动员他们参与全省的夏收暴动。

为了徐闻革命形势的进一步发展，1928年6月2—6日，中共南路特委根据广东省委关于"应派一名得力同志去主持徐闻的工作"的指示，任命杨枝水（遂溪县人，中共党员，南路农民革命委员会委员兼宣传部部长）为雷州巡视员，负责指导中共海康县委和麻罗区委的工作。由于这样，中共麻罗区委的工作得到加强，区委下属的3个党支部的工作有所发展，工农武装也有所壮大。

1928年，由于受"左"倾冒险主义思想的影响，中共南路特委盲目地执行了广东省委关于举行暴动、实行武装割据的指示，均遭到国民党右派的残酷镇压。此时，麻罗党组织所领导的革命力量，也遭到徐闻国民党当局的血腥镇压，中共麻罗区委当年夏秋之间遭到严重破坏，许多党员相继牺牲。

中共麻罗特支是徐闻县建立的第一个党组织，虽然建立不久便遭到破坏，但对徐闻后来的革命斗争产生了深远的影响。

坚持开展革命斗争

一、不屈不挠的抗争

1927 年 4 月 15 日，国民党右派在广州发动反革命政变，标志着国共合作在广东已经破裂，中国共产党领导的人民革命斗争进入了极其艰难困苦的时期。

1927 年 5 月 24 日，以李济深为首的广东国民党当局，在广州组织成立了国民党广东省"清党委员会"。接着，将全省划为10 个区，每区设置"清党委员会"，负责处理该区所属各县区的"清党"事宜；同时，驻守广东的国民党军队逐步加强，并加紧对各地工农群众运动和工农武装起义的武力镇压。

在国民党右派的疯狂"清党"和高压统治下，雷州半岛地区的中共党员、共青团员和革命的工人、农民、知识分子，以及国民党左派人士，普遍遭到反动当局的通缉和迫害，其中有一批中共地方组织的优秀干部和群众运动领袖被杀害；同时，还有一批在大革命中开展农民运动声势较大的革命村庄被"围剿"，不少革命骨干分子的房屋以及活动场所被查封或焚烧。在国民党白色恐怖的笼罩下，雷州半岛地区的革命组织正面临着一场前所未有的严峻考验。

1927 年夏秋间，遂溪、海康等县的工农革命武装，为了反对国民党右派的屠杀政策和高压统治，先后举行了武装起义。然而，由于雷州半岛地区的反革命势力已大大超过了革命力量，致使革命武装起义相继失利。因此，雷州半岛各县的工农革命武装改变了斗争策略，停止集中力量硬拼，分别采取了化整为零、分散活动的方式，等待时机成熟，再重整旗鼓，集中力量，展开斗争活动。

1927 年 7 月 1 日，遂溪县工农武装在乐民城失守后，反动地方武装在该县第六、第七区大举"清乡""扫荡"，抢掠焚杀奸淫，无恶不作。这时，为保存革命力量和坚持长期斗争，中共遂溪县委和农民自卫军领导人黄广渊、陈光礼等决定将武装起义大队分两路开展活动：一路由黄广渊带领留在遂溪第六、第七区一带，秘密建立交通情报站点，继续发动群众起来斗争，并伺机打击地方反动分子；另一路由陈光礼、刘坚带领转移到徐闻山，设法教育争取以陈中华为首的绿林，从而扩大农军队伍。经过努力教育，陈中华同意接受收编。黄广渊壮烈牺牲后，陈光礼主持中共遂溪县委的工作，带领小股农军由徐闻山重返遂溪第六区，其余农军及收编的陈中华部由薛经辉、刘坚率领转移到斜阳岛。

1927 年 8 月 7 日，中共中央在湖北汉口召开紧急会议（即八七会议），总结大革命失败的教训，讨论党的工作任务，确立了实行土地革命和武装起义的方针。

1928 年 9 月，中共遂溪县委考虑到斜阳岛自然环境恶劣，交通不便，如果农军长期在斜阳岛上，不但粮弹接济困难，而且军事行动受到限制，毫无回旋余地，所以再次决定南进海（康）徐（闻）交界处的徐闻山，以便利用茂密的原始森林与敌周旋，同时想方设法与琼崖党组织和工农红军取得联系，加强沟通协调，从而使琼州海峡两岸的革命斗争遥相呼应，或伺机渡过海南岛，同琼崖工农红军一道并肩战斗。但是，此时国民党右派已加强了雷州半岛的军力，其中有两个团的正规军进驻徐闻封锁各个港口码头，农军陷于三面受敌内外受阻的劣势。在这危急情况下，中共遂溪县委决定农军重返斜阳岛。年底，中共南路特委机关在广州湾被破坏后，高雷地区的革命形势进一步恶化。同时活动于徐闻的共产党员再转移疏散，有的隐蔽于徐闻山，有的悄悄撤往海南岛等地。

1929 年初，海南籍共产党吴必兴受中共琼崖特委的派遣到徐闻建立徐（闻）琼（崖）地下联络站。他先后以医生、教师等职业为掩护，在徐闻海安、龙塘一带秘密开展革命活动。1930 年，吴必兴受聘到龙塘锦山村小学任教后，利用讲坛宣传孙中山的民主革命思想，引导学生阅读郭沫若等进步作家的作品，课余还为学生介绍《铁流》等书籍中的革命故事，采取多种形式激发学生的革命热情，鼓励学生在革命低潮时，一定要保持冷静，振作精神，随时准备与敌人作斗争。九一八事变后，他向学生大力宣传抗日救国思想，并组织学生进行军事常识训练，以备抗战所需。1934 年，吴必兴利用开展文娱活动的机会，组织一支学生演出队，在校内和白沙圩、龙塘圩等地演出《奸官贪财，穷人受气》《武昌起义》等小话剧，使青年学生和乡村群众受到爱国主义和革命思想的教育。吴必兴在徐闻的活动，团结和引导了一大批进步青年走上了革命道路，为革命活动的进一步开展打下了群众基础。

1931 年，九一八事变发生以后，徐闻县简易师范学校校长麦思敬（进步人士，北大毕业生）组织学生开展抗日宣传活动，并带领学生抵制日货。当时，在国民党徐闻县政府任警佐的苏荣基对此甚为不满，并且阻挠，麦思敬带领学生到县府申述抗日宣传的理由。1932 年 7 月，麦思敬被国民党当局解聘，部分进步学生被勒令退学。

1933 年 3 月，徐闻县简易师范学校进步师生上街宣传抗日，抵制日货，并在县城一些商店搜出一批日货当众焚毁。国民党徐闻县政府却纵容个别不法商人诬蔑进步学生，进步学生组织到县府请愿、抗议。

1935 年 12 月，北平学生在中国共产党的领导下，举行了一二·九抗日救亡运动。在爱国学生运动的影响下，徐闻县的青年学生和爱国群众，纷纷走上街头，举行集会和示威游行，要求国民党政府停止"剿共"内战，出兵抗日，收回华北。他们还声援北平学生的抗日救国运动。

大革命失败后，活动于雷州半岛的共产党人，在敌强我弱悬殊的困境下，同国民党进行了不屈不挠的斗争，有力地打击了国民党的反动统治，传播和扩大了中国共产党的影响，使革命思想进一步深入民心。

二、进步青年致力传播革命真理

野火烧不尽，春风吹又生。为寻求救国救民的真理，一批又一批徐闻进步青年不顾国民党右派的血腥镇压，先后到外地参加革命活动或求学，接受革命思想的熏陶，有的甚至献出了宝贵的生命。

1928 年夏，戴元生在海南与中共琼崖组织取得联系后，为了沟通海南岛与大陆的联系，他根据党组织的指示，在海口市红坎坡建立徐闻会馆（称"难民救济所"）。同年冬，戴元生奉命前往南洋发动侨胞捐款，筹措经费为革命组织购买枪支弹药。1929 年春，他返回徐闻，同年秋考入广东国民大学。在校期间，戴元生秘密参加学校的地下革命组织，撰稿揭露国民党广州当局的丑恶行径。为了便于开展革命活动，避开敌人视线，他与广州女子潘慧仪结婚。1931 年秋，戴元生改名戴季民考入广州燕塘军校学习。在军校学习期间，戴元生在校园内张贴革命标语，被广州燕塘军校军法处逮捕，被监禁于南海监狱。事后，地下党组织发动军校学生会及社会进步人士上访和抗议，迫使国民党广州当局于1932年12月将其释放。戴元生出狱后，在党组织的安排下，准备赴法国勤工俭学。1933年1月，他在领取出国护照时，被广州市公安局逮捕，再次监禁于南海监狱。4月，国民党广州当局以"参加'共匪'，危害民国"的罪名，将其秘密杀害，时年26岁。

1929年下半年，徐闻籍进步青年吴朝阳、吴克波分别到上海、广州求学。吴朝阳在上海考进吴淞中国公学高中部，重新参加共青团；1931年秋，考入江湾复旦大学经济系就读，参加了学校共产党的外围组织——上海反帝大同盟复旦分部，参与出版墙报，宣传抗日。1932年1月28日，日本侵略军进攻上海，吴朝阳和雷州旅沪同学会的学友郑为之（遂溪人）等几十人一起募集物品，前往闸北抗日前线慰劳对日军作战的第十九路军。1933年秋，吴朝阳考上海真茹国立暨南大学外文系，加入上海各界抗日救国联合会暨大分会，宣传抗日救国思想，传播革命真理。1929年秋，吴克波在广州考上国立中山大学附属高中。在读书期间，他秘密参加革命活动。1936年7月，吴克波在国立中山大学毕业后，被国民党广州当局秘密杀害。

1930年夏，徐闻县徐城镇进步青年邓邦俊在广州仲恺农校就读，1935年秋考入国立中山大学文学院社会学系。在广州读书期间，他结识了不少进步青年，并同他们一起学习马列主义，积极为当地进步刊物撰写针砭时弊的文章，参加了一二·九爱国学生运动，在"荔湾事件"中，邓邦俊是要求惩办凶手的请愿代表之一。

1935年秋，徐闻县下洋地塘村革命青年林飞雄考入省立十中。在校期间，他参加了进步师生组织的读书会，积极参加爱国救亡运动。

1936 年夏，徐闻县徐城革命青年蔡民生在徐闻县简易师范学校毕业后，到广州市美术专科学校就读，深受雷州旅穗进步青年的影响，对中华民族的命运十分关切。在吴克波、朱文畅（遂溪县人，共青团员）等 5 名进步青年学生被国民党广州当局秘密杀害后，蔡民生等雷州留穗同学会成员在广州为他们举行追悼会，还以出版刊物、画漫画的形式宣传抗日，揭露国民党反动派的消极抗日政策及屠杀进步青年学生的罪行。

第三章

抗日战争时期

抗日救亡运动的兴起与发展

一、徐闻留省同学会的革命活动

抗日战争全面爆发后，广州的革命氛围非常浓厚，抗战思想十分活跃，许多在广州读书的徐闻青年深受抗日思潮的影响，革命热情高涨。他们阅读进步刊物，结交进步人士，撰写文章针砭时弊，积极开展抗日爱国宣传。国立中山大学徐闻籍学生邓邦俊发动赴穗读书的徐闻进步学生成立了徐闻留省同学会，邓邦俊任会长，有成员 20 多人，其中在广州市立美术专科学校读书的蔡民生也加入了徐闻留省同学会，并很快成为宣传抗战的骨干分子。徐闻留省同学会以出版刊物、画漫画等形式，宣传抗日思想、救国方法和措施。

1938 年暑假，在会长邓邦俊的策划支持下，蔡民生和邓邦基、杨家兴、曾精益、骆大辉等徐闻留省同学会成员返回徐闻开展抗日救亡活动。其时，由于国民党徐闻县县长陈桐不断强化保甲制度，欺骗人民群众，极力镇压革命进步活动，徐闻革命力量十分薄弱，革命形势正处低潮。为了唤醒广大民众抗日意识，蔡民生等人在县城举办群众夜校，以出大众墙报、演唱抗日歌曲，宣扬共产党及其军队英勇抗日的事迹，揭露国民党反动派积极反共、消极抗日的丑恶行径。他们还深入县内各地宣传抗日救国思想。群众对此反应强烈，纷纷要求国民党徐闻当局一致抗日。徐闻留省同学会的爱国活动引起了国民党徐闻当局的恐慌，遭到了国民党反动派的暗中调查。就在大众墙报出到第四期的时候，被国民党特派员吴源兴发现，他当众把墙报撕碎，扬言要捉拿蔡民生等人。徐闻留省同学会在徐闻的爱国活动被迫中止。下半年，因需回校上课，蔡民生离开徐闻来到广州。同年 10 月 21 日，日军攻陷广州，大部分在广州读书的徐闻籍青年陆续离开广州，只剩下邓邦俊、蔡民生和麦选周 3 人，徐闻留省同学会名存实亡。

二、大众抗日教学团的活动

琼崖大革命失败后，国民党反动派到处搜捕共产党员。中共琼崖组织作出决定：为了保存革命力量，共产党员自行疏散隐蔽。中共党员吴必兴遭到国民党反动派通缉后，先是潜到硇州岛，后返回海南岛。他在家里挖地洞隐藏，但仍被国民党反动派发现，只好孤身来到徐闻。

1938 年 12 月，吴必兴与徐闻进步青年李起蛟、苏臣梅（苏起）、林成福、曾精益、黄丕昌、叶颜真等在龙塘西洋村组建了大众抗日教学团，这是徐闻县第一个抗日救国团体。不久，蔡民生从广州回到了徐闻，他在吴必兴的邀请下，加入了大众抗日教学团。当时，大众抗日教学团成员一致认为，国民党是靠不住的，日本侵略军一旦侵略徐闻，国民党徐闻当局一定会逃跑，必须要组织教育群众，为将来开展游击战，保家卫国做准备。

于是，大众抗日教学团经常深入白沙、黄定、西洋等村庄办夜校，出墙报，绘漫画，揭露社会丑态，宣传抗日思想。那时候，龙塘一带虎患十分严重。为了消除虎患，锦山村青年自发组织了一个打虎队。为了团结和教育打虎队青年，吴必兴等组织他们阅读进步书刊，学习革命理论，并组织他们一边除虎患，一边开展军事训练。大众抗日教学团的影响越来越大，受到了各界人士和广大群众的大力支持，其活动范围逐渐扩大到龙塘的东角、前山镇、曲界镇和县城等地。

随着抗日宣传活动的深入开展，国民党徐闻当局发出布告，诬蔑大众抗日教学团是一个诱惑青年、麻醉群众的组织，勒令立即停止活动，并派兵搜捕吴必兴。在这种形势下，公开宣传抗日已不可能了。吴必兴转到东角隐蔽，大众抗日教学团被迫解散。那时，蔡民生因水土不服患病。他按照吴必兴的安排，撤回县城一边养病，一边开办新华书店，推销进步书刊，继续宣传抗日主张。为转移国民党徐闻当局视线，新华书店还兼营文具、杂货等。新华书店开张不久，国民党徐闻县特派员吴植柱预感到有点不对劲，他经常到书店查看书刊，并暗中怂恿一些身份不明的人跑到书店捣乱，并放出风声，说蔡民生是"危险分子"。为了转移国民党反动派的注意力，蔡民生把"书店"两字涂掉，只留下"新华"两字。同时，他把那些被国民党反动派视为异类的进步书籍收藏起来，从公开转为秘密继续推销革命书刊。

三、徐闻东区早期抗日救亡运动

1938 年秋，刚中学毕业的林飞雄赴遂溪参加了青年抗敌同志会，随后被调到洋青乡泮塘村开展革命工作。他以教书为掩护，举办抗日夜校，组织村农会、妇女会、儿童团、农民自卫队、国技馆、狮子班等，大力开展抗日救亡教育，使泮塘村成为当时遂溪县开展抗日救亡运动较为活跃的村庄。林飞雄还经常到广州湾探望在校读书的谭国强等乡友，引导他们走向革命道路。1939 年下半年，由邓麟彰、唐才猷介绍，林飞雄加入了中国共产党。

1939 年冬，为开辟徐闻革命新局面，中共遂溪中心县委派遣林飞雄返回徐闻开展革命工作。在林飞雄的外祖父陈建邦校董的帮助下，林飞雄打入了下洋中心小学。他以教书为掩护，以下洋中心小学为阵地，以下洋为活动中心，大力宣传共产党的纲领和抗日救国思想，揭露国民党反动派反共投敌的阴谋。通过谈心引导、出抗日墙报、举行抗日演讲和教唱抗日歌曲等活动，林飞雄将广大师生团结在自己周围，不断提高他们的政治觉悟和增强他们的民族自尊心。当时，在学生中教唱的歌曲主要有：《在松花江上》《太行山上》《黄河颂》《大刀进行曲》等。林飞雄还组织高年级学生成立了抗日救亡宣传队，王俊华任队长，蔡庆潮任副队长，队员有文如凤、林棣华（林飞雄的妹妹）、陈惠莲、蔡文仲、李耀强、文如才、邱绍安、黄惠兰、蔡开荣、郑国器、夏邦位、黄智董、陈明炎等40多人。抗日救亡宣传队和其他进步师生们经常一起到学校附近的净坡园、下港、姑村、边坡等村庄开展抗日宣传活动。其宣传方式有：讲抗日故事、出抗日墙报、办抗日夜校和唱抗日雷歌。他们编写了通俗易懂的夜校教材，向农村青壮年、儿童传授文化知识。同时，还把一些典型事例以及抗日主张编成雷歌，在群众中传唱：

> 快与日本鬼仔斗，杀他难逃无归路。
> 保国甘当刀下鬼，不愿做个亡国奴。
> 车路门村蔡文尚，出海捕鱼遭灾殃。
> 日寇烧掉船与网，人砍四块真凄凉。
> 日本鬼仔真是惨，抢劫杀人并强奸。
> 手段恶劣确残忍，狼虎都无偌凶狂。
> 中华大地受侵占，民众怎能坐旁观。
> 挥舞枪刀齐战斗，日寇都无处隐藏。

林飞雄还动员农村女青年入学读书，并对她们进行民族自尊心和争取妇女解放的教育。当时，在下洋中心小学读书的女学生有林棣华、文如凤、陈惠莲、李耀强、陈爱兰、蔡朝珠等。这些女学生经常与男同学一起奔赴各村庄进行抗日宣传。为扩大宣传影响，林飞雄与进步师生们一起上街游行，抵制和烧毁日货，并公演抗日小话剧。不但痛斥了日寇的侵华罪行，而且激发了当地民众爱国、一致抗日的热忱。

为阻止进步师生的爱国行动，国民党徐闻县执行委员会书记长张光斗撤换了思想进步的校长吴福，安插思想反动的国民党党员莫克勤担任下洋中心小学校长。莫克勤到任后，阻挠进步师生的抗日爱国活动。他威胁学生："学生的任务是读书，不是宣传抗日。"他还说："如果谁违反校纪校规，谁就被开除学籍。"他忠实地执行张光斗的命令，极力限制进步师生的抗日救亡宣传活动。莫克勤还在学生中极力发展国民党党员，但是，深受革命思想影响的王俊华等进步学生均拒绝参加。有一次，莫克勤戴着高度近视眼镜讲课，一些学生大声喊道："听不清楚，到中间来讲！"当他走到教室中间时，学生们故意把他的眼镜敲落地上，把"哈巴狗"漫画贴在他身后，把蔗渣塞进他衣袋里。进步师生们还把其丑恶行径编成雷歌：

> 莫克勤来校捣鬼，扼杀青年大罪魁。
> 快快拿起铁帚把，扫去岭头稳稳蹲。

王俊华等6名学生把这首雷歌抄在纸上，乘夜赶到下洋圩及各村庄张贴。为了进一步打击莫克勤的嚣张气焰，争取宣传抗日救亡的合法地位，林飞雄广泛发动师生、家长及社会青年，向莫克勤展开了"抗日无罪，抗日有理"的说理斗争，最终把反动校长莫克勤驱逐出校。此举不仅使广大师生受到了深刻的教育，也进一步增强了下洋群众参与、支持抗日救亡运动的信心和决心。

东华体育会，是下洋地区为组织开展体育活动的群众团体。设有足球队、篮球队和排球队等。为争取东华体育会参加抗日宣传，林飞雄经过发动，促使体育会不断发展壮大。共有会员120多人，来自40多个村庄，并选举进步人士苏兆麟担任体育会会长。每逢下洋集圩日，会员们就到下洋中心小学一边练球，一边学习革命理论，汇报抗日宣传工作。这支庞大的民间体育队伍还以比赛为名，到遂溪、海康、徐闻各地交流学习宣传抗日的经验和成果，成为下洋抗日救亡运动的一支重要力量，并不断向前山、龙塘、和安、新寮等地发展。在下洋地区抗日救亡运动的影响下，徐城进步青年李世华、邓颖和前山进步青年陈大应、林诗仁、阮光弼、林绵香等利用暑假组建了抗日救亡宣传队，在前山圩公演小话剧、唱雷歌、散发抗日传单，发动群众捐献财物支援抗战前方，并号召群众和商行抵制和烧毁日货，使前山地区的抗日救亡运动开展得有声有色。由于革命形势发展的需要，按照上级党组织提出的"政治上坚持斗争，组织上进行转移，以保存革命力量"的方针，1940年4月，林飞雄被调往遂溪，负责沟通雷州地区的人际关系，介绍和安排外地革命者到徐闻秘密开展革命活动。

徐闻东区早期抗日救亡运动的开展，标志着徐闻抗日救亡运动进入了由中国共产党领导的新阶段。它为徐闻抗日救亡运动的深入开展奠定了坚实的基础。

四、抗日救亡运动的深入开展

为适应抗日斗争形势，活动在徐闻的革命者不断开拓新领域，发展壮大抗日力量，把徐闻抗日救亡运动不断引向深入。

（一）发挥女革命者的骨干作用

为引导广大妇女参加抗日救亡运动，自1941年起，上级党组织派遣女共产党员何婉莹、支秋玲、陈少莲、王惠莲、王惠强、陈少珍、王婉玲和女革命青年沈志英、林英、林碧云（林明山）、林琴英等到徐闻下洋、前山、曲界、锦和、龙塘等地开展革命活动，其中支秋玲先后进入下洋后村小学和前山甲村小学任教，陈少莲先后到地塘小学、前山国民中心小学、新寮中心小学任教，沈志英到前山国民中心小学任教，王惠莲到下洋中心小学任教，陈少珍先后到前山国民中心小学、墩尾村小学任教，王婉玲到锦和那楚小学任教，王惠强到边坡小学任教。她们以教书为掩护，结合当地妇女的特点，大办妇女识字班、妇女夜校和妇女读书班，教唱革命歌曲，讲抗日故事，宣传抗日救亡的革命道理。为增强教学效果，她们为妇女夜校编写了通俗易懂、内容丰富的革命教材。

1942 年下半年，在地塘小学教书的陈少莲，利用丈夫林飞雄打入国民党徐闻县政府工作的有利条件，向国民党徐闻县县长陈桐提出了成立徐闻县妇女会的建议，并推荐陈桐夫人林琴担任徐闻县妇女会筹委会主任。在陈桐的准许下，陈少莲与林琴等人召开筹备会，商议徐闻县妇女会成立有关事宜，并提出徐闻妇女会的宗旨：团结各阶层妇女参加抗日救亡活动，积极争取妇女解放。后来，由于陈少莲调往前山国民中心小学工作，徐闻县妇女会最终未能成立，但陈少莲等人的活动，还是在一定程度上提高了徐闻妇女争取自由平等，关心政治，参与社会活动的积极性。

为了培养妇女骨干，团结广大农村妇女，徐闻党组织还在许多村庄组建妇女抗日小组。1943 年上半年，共产党员王惠莲在下洋净坡园村组织了姐妹会，会长、副会长分别由陈桂兰、李秀梅担任。会员有杨秀华、方少珍、杨妃齐、李月英、郭如锐等 12 人。这是徐闻县第一个由共产党领导下的妇女组织。1944 年 7 月，共产党员陈少珍在墩尾村也组建了姐妹会和妇女读书小组。姐妹会会长由张凤梅担任，会员有文礼仁、文如告、文如米、文银装、黄秀芳等 10 多人。此外，后村、边坡等村也相继成立了姐妹会或妇女同心会，促使越来越多妇女支持和参与抗日活动。随着会员的不断增加，姐妹会和妇女同心会的规模日益扩大。

徐闻党组织通过各种途径加强妇女工作，不仅提高了广大妇女的文化水平，激发她们争取自由的热忱，而且将她们紧密地团结在共产党的周围，使其成为徐闻抗日斗争一支不可忽视的重要力量。

（二）创办实业，开辟革命据点

1942 年 5 月，在中共党员曾尚纪的布置下，革命青年林元庆变卖祖田筹措经费，与国民党徐闻县教育科长吴其豪合股在曲界军村坡塘创办农场，员工有林珠、林东、林亚利、林李时、林光平、林坚、林那例等，并指定革命青年林珠负责农场管理工作。他们日间进行农业生产，晚上到附近村庄做群众工作，了解当地风土人情、敌情动态、政治经济和群众生活等情况，向群众进行抗日救亡、保家卫国的思想教育。1943 年春，在林飞雄的支持帮助下，革命青年方野、方塾和郑均也在下洋坎下村创办了坎下农场。坡塘农场和坎下农场主要以耕种田地为主。农场的创办，既为抗日活动提供了经费，又为秘密开展革命活动创造了有利条件，尤其是坎下农场，地处下洋、曲界、锦和交界处，周围村庄众多，曾吸引许多青年和附近群众到这里谈论时政，为宣传抗日、宣传革命道理、团结和教育群众，提供了很好的活动场所。1944 年 7 月，由中共徐闻县特派员陈醒吾监誓，方塾、郑均在坎下农场加入了中国共产党。

1943 年 9 月，为进一步筹措活动经费，扩充革命据点，中共党员曾尚纪、林其材按照中共南路特委发出的"联防自卫，保卫家乡"的指示及徐闻开展抗日斗争的部署，再次与吴其豪在和安水头圩合办日美庄药店和联泰鱼行，作为秘密交通联络站，并交由革命青年吴德新负责经营。吴德新严格按照上级指示，认真经营，同时积极开展地下革命活动，既筹集了经费，又促进了革命联络工作的秘密进行。下半年，中共徐闻县特派员庄梅寿和林飞雄研究后安排方野、谭国强深入徐闻东区、西山和西区开展社会调查。为进一步掌握情况，庄梅寿和林飞雄还亲自前往部分地区进行实地考察。方野、谭国强几乎走遍了东区、西山的所有村落。通过实地调查，他们收集了大量山区情况，并绘制了山区地形图。庄梅寿和林飞雄掌握这些情况后，曾陆续派人深入这些地区开展革命活动，开辟了新的革命活动据点，促使许多山区的革命力量进一步巩固和发展，为建立抗日武装、打击日本侵略者创造了条件。

（三）建立各种抗日救国团体

1943 年春，继进步人士苏兆麟组织下洋青年球队之后，下洋地区教师在下洋中心小学又成立了音乐会。该会为中共徐闻组织的外围组织，成员均是下洋本地教师、知识青年和外地教师。共产党员何婉莹、王惠莲等教师负责音乐会的教唱工作。音乐会成员经常集中于下洋中心小学高唱抗日歌曲，宣传抗日。在音乐会的影响下，边坡等村庄还成立农会、青年会、球队，投身如火如荼的抗日救亡运动。同年夏，在新寮中心小学（今北尾小学）任教的共产党员陆锦伦也发动青年学生成立了新兴读书社和抗日救亡宣传团。新兴读书社由李时用任主任，成员有唐家秀、唐志土、王恩淼等 10 人。抗日救亡宣传团则有成员 20 多人。他们不仅在学校出抗日墙报，举行抗日演讲，还奔赴建寮、北尾、烟楼等村庄举办民众夜校，教唱抗日歌曲和公演抗日小话剧，使新寮抗日救亡运动迅速掀起，与下洋地区相呼应。

（四）布置革命骨干打入国民党基层政权组织

按照上级党组织的指示，中共徐闻县特派员庄梅寿和林飞雄从 1943 年下半年起，开始陆续部署一些党员、革命骨干潜入国民党基层政权组织。至 1944 年 5 月，徐闻党组织已有多人潜入国民党的镇（乡）、保担任职务，其中郑质光打入下洋镇公所担任文书兼管户籍，张典相、张宗彩、方野分别担任下洋边坡、下港和曲界三河的保长，李时用、唐家秀、王恩淼则潜入国民党新寮乡政府分别担任副乡长、干事等。这些革命骨干潜入国民党内部后，不仅取得了合法斗争的地位，还进一步发展了革命力量。方野担任三河保长后，把三河的甲长、保丁换为抗日游击小组成员向共产党靠拢，使三河革命力量迅速壮大。张宗彩担任下港保长后，不仅把新兴、海星、下港和上村仔等村的甲长、保丁换成革命人员，而且想方设法拖延国民党的不合理摊派，暗中反抗抓壮丁。

通过革命骨干潜入国民党基层政权组织的途径，共产党团结了一切可以团结的人，利用了一切可以利用的力量。抗日救亡运动不仅在徐闻东区得到巩固和发展，而且促使并引导徐闻北区和新寮等地迅速掀起抗日救亡运动，并引向纵深发展。

拓展琼雷地下交通线

一、打银村交通站与良友茶店交通站的建立

1939 年 2 月 10 日，日军进攻海南岛，国民党军队仓皇溃逃，撤至山区隐蔽，海口沦陷。日军为严密封锁海南岛，一方面对来往琼州海峡的船只进行严密监视，严加搜查来往人员，稍有嫌疑便扣押。另一方面调集重兵，不断"扫荡"海南抗日根据地和广东琼崖民众抗日自卫团独立队，妄图扼杀人民抗日武装。在日军"扫荡"中，中共琼崖特委的大型电台遭损毁，与党中央及南方局失去联系。由于日军严密封锁琼州海峡，大量支援海南抗战的物资也无法正常转运。在这种情况下，中共琼崖特委建立了琼雷地下交通线，设立在徐闻的打银村地下交通联络站和良友茶店地下交通联络站则是重中之重。

1939 年 4 月，根据上级党组织的指示，中共琼崖特委和广东琼崖民众抗日自卫团独立队派遣王乃策、符英华和王锡珠在海南临高县昌拱港组建了琼州海峡航运站，王锡珠担任站长。琼州海峡航运站组建船队，以创办海运业为掩护，采购和转运军用物资。由于当时徐闻东部海面常有日舰巡逻封锁，海上直运极为不便。为缩短水运路程，保证交通安全，1939 年 5 月，广东琼崖民众抗日自卫团独立队副官陈玉清在徐闻县迈陈镇打银村梁玉阶家设立了地下交通联络站。打银村地下交通联络站（以下简称打银站）

成立后，梁玉阶的儿子、革命青年梁步孔担任站长。凡运往海南的各种物资经过徐闻时都必先送到打银站，然后再秘密转送到海南。

　　武汉和广州沦陷后，日军在坚持"灭亡中国"的总方针下调整侵华策略，停止对正面战场的战略性进攻，而将主要力量用于打击八路军和新四军；对国民党则采取政治诱降为主、军事进攻为辅的方针。在日本政治诱降和英美等帝国主义的劝降下，国民党内的投降、分裂、倒退活动日益严重。1939年1月，国民党五届五中全会决定推行"溶共、防共、限共、反共"的反动方针。11月，国民党五届六中全会进一步作出"军事限共为主，政治限共为辅"的决定。1939年冬至1940年3月，国民党顽固派在全国掀起了第一次反共高潮，不断制造袭击、杀害共产党领导的抗日军民的反共摩擦事件。随着国共关系的恶化，国民党徐闻当局反共气焰日益猖獗，转运工作遇到了更大的困难。为了扩大交通运输量，加强保密性，按照中共琼崖特委和广东琼崖民众抗日自卫团独立队的指示，1939年冬，独立总队驻广州湾办事处主任谢李森、副主任张刚秘密潜到徐闻，与吴必兴一起到前山、龙塘沿海一带勘察地形，决定以创办店铺为掩护，建立地下交通联络站。1940年2月，吴必兴与龙塘群众、革命青年苏君育在龙塘圩大街西北端合股创办良友茶店，兼营寄宿。良友茶店地下交通联络站正式成立后，吴必兴任良友茶店董事，苏君育任店主。店员包括来自海南的革命者陈赞义、陈赞华、莫良范和当地群众林诗福、林麻湖、苏君瑞等人。为了安全转运物资，还在龙塘沿海村庄锦山、朋寮、姜园、曹家和东角设立交通转运点，分别由林成福与苏臣梅、陈义昌、黄丕昌、吴淑政等负责。从此，这条广州湾（菉塘）—硇州—良友茶店—打银站—临高县昌拱的琼雷地下交通线正常运转。后来，吴必兴由于工作需要退出良友茶店，中共党员陈大贵、蔡煌先后接任良友茶店站负责人。为加强领导，中共党员李有忠也前往打银站担任负责人。

打银站、良友茶店站建立和运转期间，在经费十分有限的情况下，打银站和良友茶店站的成员倾其所有，不辞辛苦，体现了崇高的革命思想境界。吴必兴卖掉 2 头牛，苏君育卖掉 7 分祖田，共筹得 200 多元大洋，作为成立良友茶店站的活动经费。梁玉阶父子则办面坊赚钱，以保证来往革命人员的吃宿费用。梁步孔还经常骑单车搭送来往联络站的革命人士。有一次，中共琼崖特委交通员张瑞民来到打银站，说他有急事，须赶往西营（湛江霞山）。当晚，梁步孔带上手电筒，连夜骑车搭送张瑞民赶往西营。第二天傍晚，他们抵达雷州城，住了一宿，然后继续赶路，终于在第三天中午赶到了西营。

当时，徐闻陆路设有两条货物交通运输线：一条是在锦和东门下港登岸后，由良友茶店站派人雇牛车运至县城，交由进步青年蔡民生、李起蛟等运至打银站，再由梁步孔运至东场港过海；另一条是运至下洋北石港或龙塘北腊港后，由苏臣梅、吴淑政等发动当地群众用牛车运至良友茶店站或锦山村，再运至朋寮等转运点，最后送往打银站。有一次，一批物资被运到北腊港后，接送人员将其装上牛车运往良友茶店站，却遭到了日军飞机空袭。接送人员迅速把牛车赶进山林隐蔽，等日机飞远后，又继续上路。尽管日机炸死了几头牛，接送人员最终还是把物资运到了目的地。1940 年 4 月，吴必兴、苏君育等护送符克率领的琼崖华侨回乡服务团及大量军需品到打银站，要经过县城，为免遭国民党军警的盘查，吴必兴和符克亲自前往国民党徐闻县政府拜会陈桐。他们说明，符克等人从南洋运回了一批华侨捐献物资，正准备运到海南救济难民，要求给予支持。开始陈桐犹豫不决，后来经过一番周旋，陈桐不但放行，还派兵护送，使琼崖华侨回乡服务团和军需品顺利抵达打银站。同年夏，八路军驻香港办事处给中共琼崖特委和独立总队购买了一部重达 200 多公斤的大型无线电台，海南交通员将其拆散装在木箱里，运到西营码头。当码头工人正在搬卸木箱的时候，恰逢法国海关人员盘查，被勒令扣下来。在这危急关头，同谢李森一起前来提货的吴必兴急中生智，对法国海关人员说："这是用来耕地的新式机器，是买来办农场的。"但是，法国海关人员依然不肯放行。见此情景，吴必兴便向商人黄世泳（吴必兴的学生、徐闻县龙塘镇槟榔园人）借来 100 块大洋，递给法国海关人员，说："先生当差辛苦了，请先生高抬贵手。"接过白花花的大洋，法国海关人员马上笑逐颜开，招手放行。

二、交通线在逆境中发挥作用

由于革命活动频繁，打银站和良友茶店站逐渐引起了国民党反动派的注意。1941 年 2 月中旬，国民党琼崖守备司令王毅密电国民党琼崖第九区驻徐闻迈陈地方办事处副官王宏构，要求国民党徐闻当局镇压徐闻地下交通联络站。2 月下旬，陈桐派巡官何宗禄领兵围搜打银站，抓捕了打银站负责人李有忠，以及从南洋归国参加革命的翁良仁、打银站屋主梁玉阶，还有良友茶店站负责人蔡煌，拘押船工王方毓、王秉章等人，并抢走了 4 牛车军需物资。打银站被破坏后，良友茶店站立即转移重要文件和书刊，免遭落入敌人手里。8 月，陈桐派遣县警佐谭泽带兵包围良友茶店，查封了店内全部物资，苏君育的新婚妻子林麻湖以及苏君瑞、林诗福等人被拘押。苏君育由于事前接到情报而躲过敌人的抓捕。国民党徐闻当局还不肯罢休，抓捕了朋寮村革命教师陈义昌，并公开通缉共产党员吴必兴和良友茶店店主苏君育。后来，中共党员蔡煌、李有忠被秘密押往外地杀害，其他被捕人员经多方营救后均获释放。

打银站和良友茶店站被查封后，琼雷地下交通线被切断。根据中共琼崖特委、独立总队驻广州湾办事处的指示，奔赴龙塘、前山一带的广州湾革命青年，曾试图重建地下交通联络站，后因情况发生变化而放弃。

琼雷地下交通线上的徐闻交通联络站为中共琼崖特委与党中央及祖国大陆联系发挥了重要作用，先后成功地接待和护送了由党中央、南方局、广东省委等直接派往琼崖工作的党政领导干部庄田、李振亚、覃威、林李明、李黎明、李英敏、罗文洪、陈实、张诚军、王超、黄丽容、云涌、王山平等，接送了刘成义、曾辉等电台、军械方面的专业技术人员和琼崖华侨回乡服务团，马来西亚共产党中央委员会组织部部长杨少民等抵达海南岛游击区，转运了电台、机械、硝磺、医药、被服、弹药等100多牛车军需物资，有力地支援了海南岛的抗战。尤其是电台的成功转运，使中共琼崖特委和独立总队及时收到党中央指示，正确执行党中央的政治路线，为琼崖抗战扭转局面，粉碎日军"速亡琼崖"的阴谋，夺取抗战最后胜利创造了十分有利的条件。

中共徐闻组织的发展

一、中共徐闻县特别支部的建立

1941 年 5 月，中共南路特委撤销中共遂溪中心县委，成立了中共雷州中心县委，周楠任书记，陈恩任副书记，委员为支仁山（又名朱强，分管遂溪）、唐多慧（分管徐闻、海康），遂溪东区、中区、西区三个区委直属中共雷州中心县委领导。不久，中共雷州中心县委决定加快步伐发展徐闻党组织。根据中共雷州中心县委的决定，林飞雄一方面动员在广州湾读书的徐闻进步青年回家乡宣传抗日，另一方面按照上级党组织的指示，发挥自己关系广的优势，进一步配合上级党组织，介绍和安排外地革命者到徐闻开展革命活动。在林飞雄的协助下，1941 年下半年，共产党员谢兆琇、何婉莹（香港回乡服务团成员、最早来徐闻的外地女共产党员）进入下洋中心小学任教，中共党员吴定瀛进入徐闻县初级中学任教，共产党员陈少莲、支秋玲和陈兆荣则于 1942 年春分别进入下洋地塘村小学和后村小学任教。这些外地共产党员认真开展教学工作，团结学生以及学生家长和社会青年，密切联系社会各阶层，取得了社会各界的广泛支持。在此基础上，他们以教书为掩护，大力宣传革命思想，为徐闻县特别支部的成立做好思想上和组织上的准备。

1942 年春，林飞雄再次奉命返回徐闻，并打进国民党县政府任教育科员。他利用自己的有利条件，广泛联系各阶层人士，特别是各个镇的学校校董、校长，深入了解各乡办学情况，积极开展统战工作，先后介绍和安排沈潜等 30 名来自遂溪、广州湾等地革命者到徐闻各乡村学校任教。

1942 年 3 月，经中共雷州中心县委决定，中共徐闻县特别支部（以下简称"中共徐闻特支"）在林飞雄等协助下，在下洋后村小学成立，陈兆荣任支部书记，支秋玲任支委。党员有陈兆荣、支秋玲、林飞雄、陈少莲、谢兆琇和何婉莹等 6 人。当时支秋玲、林飞雄、陈少莲、谢兆琇和何婉莹均由陈兆荣单线联系。中共徐闻特支成立时，正值世界反法西斯战争和中国抗战最困难时期，日军在华北反复进行"治安强化运动"，对占领区人民实行残暴的殖民统治、经济掠夺和奴化教育，对各抗日根据地进行空前残酷的"扫荡""清乡"和"蚕食"，采取野蛮的烧光、杀光、抢光政策，使用毒气和细菌武器，制造无人区，企图摧毁抗日军民的生存条件，彻底消灭共产党及其领导的抗日武装。其间，国民党顽固派却掀起了一浪高于一浪的反共逆流。当时，国民党徐闻当局经常在其军政系统发布《限制异党活动》《注意异党分子》《注意共产党的宣传》等文件，大力宣传"一个政府、一个军队、一个领袖"的政治倾向，并造谣污蔑共产党及其军队"游而不击""破坏抗战"。面对恶劣环境，中共徐闻特支正确执行中共中央关于在国民党统治区实行"隐蔽精干、长期埋伏、积蓄力量、以待时机"的十六字方针和中共雷州中心县委关于"隐蔽工作、站稳脚跟、长期打算、耐心细致、联系群众、避免暴露"的指示，广大师生和人民群众在中共徐闻特支领导下，秘密开展抗日救亡活动。

中共徐闻特支建立后，国民党徐闻当局惊恐万分，指示在下洋中心小学的爪牙邓河澄、杨越梅、杨茂槐等严密监视进步师生，并加紧政治测验，把每周纪念会改为讲用"三民主义"会、"蒋介石训询"会等，企图改变进步师生的政治态度。为了打击国民党顽固派镇压进步师生活动的嚣张气焰，按照中共徐闻特支的部署，进步师生们采取更加隐蔽的方式，与反动势力展开针锋相对的斗争。一些已加入国民党的师生纷纷撕掉国民党党员证件，自觉退出国民党，积极参与抗日救亡运动。

中共徐闻特支经常对抗日救亡运动积极分子进行中国共产党纲领、入党条件和党纪的教育，培养党员对象，积极稳妥地发展党组织。1942 年 6 月，经何婉莹、谢兆琇的培养和介绍，下洋中心小学学生郑质光加入中国共产党。1942 年下半年，按照中共徐闻特支的安排，中共党员谢兆琇打入了下洋镇公所担任事务员，秘密收集情报，以掌握社会动态。1943 年上半年，由于国民党徐闻当局迫害，谢兆琇被迫撤离徐闻。

中共徐闻特支是中共麻罗特支遭到破坏后，徐闻县最早建立的党组织，也是中共徐闻县委的前身，为徐闻抗日斗争确立了党的领导核心。中共徐闻特支对于领导徐闻人民开展抗日救亡运动，反对国民党顽固派的斗争起到了中流砥柱的作用。

二、建立党支部，发展党员

1942 年 5 月至 6 月，中共粤北省委被国民党特务破坏，南方工作委员会副书记张文彬、粤北省委书记李大林等领导人被捕。为此，中共中央南方局连续电示广东党组织，为避免粤北省委事件再次发生，防止事态扩大，除沦陷区党组织照常活动外，国民党统治区的党组织一律暂时停止活动，割断与暴露地区的组织关系，已暴露的干部立即撤往游击区，其余干部应找社会职业做掩护，进行勤业、勤学、勤交友的"三勤"活动，执行"隐蔽精干、长期埋伏、积蓄力量、以待时机"的方针。

为防止党组织遭受破坏，中共南路特委决定在全区范围内把集体领导的委员制改为个人负责的特派员制，采取单线联系的方式继续活动。特委内设特派员，分片管理，特委书记周楠负责全面工作，组织部部长温焯华担任高州地区特派员，宣传部部长杨甫担任钦廉（钦州、廉江）地区特派员，负责青年工作的陈恩则担任雷州地区特派员。1942年底，陈兆荣、支秋玲调离徐闻，中共徐闻特支随之撤销。次年初，中共雷州地区特派员陈恩派庄梅寿担任徐闻、海康特派员，负责徐闻、海康的工作。为进一步打开徐闻革命局面，上级党组织先后派遣沈潜、王惠莲、陈少珍、唐英、王婉玲、唐学清、林其材、黄安清、王玉颜、陆锦伦、曾尚纪、沈荣珠、谢国美、杨明卿、陈煜运、王强等共产党员和沈佛才等革命青年到徐闻开展革命活动。进步人士苏兆麟协助林飞雄安排了上述大部分人员到乡村学校任教。陆锦伦则按照党组织的安排，前往新寮岛开展革命工作。

1943年2月，林飞雄根据革命斗争的需要，经党组织同意，辞去国民党徐闻县教育科员职务，到前山国民中心小学任校长。林飞雄把学校教务主任和教员全部调换为革命者，并全面进行教学改革，积极开展以抗日救亡为中心的各种教学活动。他一方面把常识课改为政治课，对学生进行马列主义、爱国主义以及抗日救亡思想的教育，组织学生出墙报、办夜校，安排音乐课教唱革命歌曲，宣传"只有中国共产党才能救中国"的真理；另一方面把体育课改为军事课，并利用节假日组织高年级学生进行野外演习。

1943年秋，林飞雄与王玉颜等秘密组建了中共前山国民中心小学临时支部。

中共前山国民中心小学临时支部的成立，标志着中共徐闻组织在抗日斗争中进入了大发展时期。在临时支部指引下，以前山国民中心小学为活动中心，教育和培养了杨奕生、邓承浩、廖正福、林诗礼、杨奕存、柯道中、林树柏、杨永清、蒋碧华、林世玉、杨昌彩等 40 多名学生走上革命道路，使之成为前山地区乃至徐闻革命斗争的坚强力量。

1944 年 6 月，中共徐闻县特派员庄梅寿带领唐力生等 3 人前往徐西区迈陈镇活动，途经县城时，被国民党徐闻县政警队扣押，并被押送出徐闻。

庄梅寿离开徐闻后，中共党员陈醒吾接任中共徐闻县特派员，全面负责徐闻革命工作。在原有革命力量基础上，陈醒吾采取办夜校等方式进一步发动群众，不断发展壮大党员队伍。同年，徐闻党组织又吸收了革命青年郑均、陈德盈、林礼鑫、张典相、邱立汉、王强、林大秀、李友、方堃、王俊华、唐家秀、王恩淼等加入中国共产党，至此，中共徐闻组织共有党员 40 多人，其中外地党员 20 多人，徐闻籍党员 24 人。

陈醒吾还指示秘密建立党组织，进一步开创徐闻抗战新局面。按照他的要求，张宗彩在下洋下港村积极培养进步青年，引导张荣相、张宗儒和张茂进先后加入了中国共产党。1944 年下半年，报经陈醒吾批准，中共下港村支部正式成立，张宗彩担任党支部书记。该支部组织抗日游击小组，共有成员 10 多人。中共下港村支部带领抗日游击小组开展政治教育和军事训练，加紧进行抗日游击活动。方野担任曲界三河村保长后，为了撤换三河小学反动校长吴朝江，他以经济困难为由，宣布三河小学暂时停办。不久，三河小学复办，中共党员方堃担任校长，教员几乎全部调换为革命积极分子。随后，方野、方堃等人在三河村成立了三河党小组，方野担任党小组负责人。同年，下洋地塘村、边坡村和新寮岛北尾村也分别成立了党小组。

三、开辟徐闻革命新区

1942 年 2 月，中共南路特委书记周楠偕同王均予返回特委机关所在地广州湾。他们分析了太平洋战争爆发后的形势，认为日军已经南进，入侵雷州半岛势所难免。于是，中共南路特委决定将集中在广州湾的特委领导成员转移各地，普遍建立秘密游击小组，广泛收集民间枪支。同年春，按照中共南路特委的指示，特委委员潘云波、干部曾尚纪、林其材、陈以大和琼崖驻广州湾办事处工作人员吴必兴，以及中共广州湾支部领导成员等在广州湾召开会议。会议认为，广州湾岌岌可危，中共广州湾支部应适时转移革命力量开辟革命新区，而徐闻与琼崖抗战关系极大，必须派遣一批革命骨干先到徐闻。会议还分析了徐闻的有利条件：一是徐闻农村广阔，山林茂密，是组织抗日和开展革命活动的好地方。二是当地已建立了一定的革命基础。三是国民党徐闻县县长陈桐与地方各派势力矛盾重重，对开辟革命新区极为有利。会议决定组织广州湾革命青年奔赴徐闻。

为做好接应工作，中共党员吴必兴通知徐闻革命青年苏臣梅、林成福和黄丕昌 3 人前往广州湾联系，并参加学习培训。苏臣梅、林成福和黄丕昌学习结束后，立即返回徐闻着手开展联系工作。广州湾革命青年积极响应党组织的号召，纷纷报名奔赴徐闻。中共南路特委干部林其材在动员中明确指出，这次到徐闻主要是组织发动群众抗日救亡，宣传进步思想，培养革命力量。同时，他强调要注意工作方法，隐蔽身份，争取社会各界人士支持，站稳脚跟，树立威信，开创新局面。1942 年 2 月，林美榆、蔡健等革命青年骨干 10 多人来到徐闻，拉开了广州湾革命青年骨干到徐闻开辟革命新区的序幕，重点在龙塘一带活动。在进步乡绅、龙塘中心小学校长苏臣超的协助下，这些革命青年骨干被安排到龙塘各校任教。其中林琴英在龙塘中心小学，林少香在下海小学，林美榆与林英在锦山小学，林碧云和蔡健在昌发小学，吴静江在大塘小学，林特笋、林平、林福在羑园小学。为了联络隐蔽，他们或者改名或者假称夫妻、兄妹等。同月，广州湾党支部书记林熙保和革命青年骨干林元庆、陈鸿志等人也来到了曲界。林熙保到徐闻县初级中学任教，林元庆和陈鸿志则以经商为名进行革命活动。

为进一步增强开辟徐闻革命新区的力量，1943 年春季和秋季，又有大批遂溪、广州湾的革命青年骨干前来徐闻开展革命活动，其中孙焕猷在徐闻县初级中学任体育老师，王职久、苏德忠、王纯五、唐学清、沈荣珠、沈德、王龙田、林才连、黎秀珍、林公胜、林裕、林和、林杰、林素瑛、黎梅清、黎光、黄芷娴、黎爵等分别到龙塘中心小学和锦山、昌发、三河、那板、龙群、水头、北良、羑园、青桐等小学任教。1944 年初，林熙保、陈以大到下洋中心小学分别担任校长和教导主任。至 1945 年 6 月，前来徐闻的革命青年骨干达 50 多人，活动地区包括徐闻东区、中区、北区和县城。这些外地革命青年骨干来到徐闻后，面临的困难非常多，除了恶劣的政治环境，还有病疫等。由于水土不服，加上疟疾流行，他们中许多人都患了疟疾，由于缺医少药，一些人还失去生命。

这些外地革命青年骨干，大部分以教书为掩护。他们除了按教材内容授课外，还组织学生阅读课外进步读物，包括《什么是帝国主义》《什么是资本主义》《什么是社会主义》和苏联小说《母亲》《铁流》《被开垦的处女地》及斯诺的《西行漫记》等。为了引导和发动广大群众抗日，他们广泛开展家访活动，深入社会调查，结合实际编写乡土教材，举办农民夜校。与此同时，他们根据战时要求，教唱抗日革命歌曲，开设体育课，举行各种文艺活动，创办墙报、海报，宣传抗日救国思想，广泛开展抗日救亡活动。

1942 年秋，在曾尚纪和林飞雄的倡导下，龙塘、下洋两镇学校在龙塘圩举办文娱体育运动会，借机向师生和群众进行抗日救国的宣传教育。其中林琴英与林成福一起演出的小雷剧《王老五》，由于内容贴近实际，表演逼真，语言活泼，揭露深刻，博得了观众的热烈掌声。龙塘中心小学的革命青年苏德忠等演出的《放下你的皮鞭子》和青桐洋学校表演的《可怜的黄姨》等一大批抗日小话剧，使观众看后深受教育和鼓舞。

陈鸿志、林少卿、林石、林常、黄玉希等革命青年骨干则以经商为掩护，积极开展交通联络工作。他们一方面通过经商来解决活动经费，另一方面加强沟通联系，收集情报，掩护同志。陈鸿志在曲界镇经营文具店时，通过与国民党徐闻县执行委员会书记长张光斗的接触，探听到国民党徐闻县政府已怀疑林飞雄是共产党员。他马上通知林飞雄，让其提高警惕，做好防范工作。

前来徐闻的革命青年骨干严格执行中共南路特委的指示，坚定不移地投身革命工作，不仅在徐闻东区、中区、北区及徐城广泛占领学校阵地，培养革命人才，组织群众开展抗日活动，而且在青桐、石板、北良和水头圩等地建立了抗日活动据点。他们的到来，不但开辟了徐闻革命新区，有力地推动了徐闻抗日救亡运动的发展，而且为中共徐闻组织的发展奠定了坚实的基础。

抗战胜利前夕的斗争

一、下洋武装起义

面对轰轰烈烈的抗战形势，国民党徐闻当局继续奉行积极反共、消极抗日的反动政策，不仅诬蔑、驱逐抗日共产党人，而且以"莫须有"的罪名杀害了徐闻籍八路军战士吴朝阳的父亲吴大坤。此外，还准备大规模镇压徐闻的革命力量。徐闻革命面临巨大威胁。

1944 年 7 月，中共南路特委书记周楠从重庆回到广州湾特委机关。他召集组织部部长、高州地区特派员温焯华，雷州地区特派员陈恩等主要干部开会，传达了南方局负责人和中共中央代表王若飞的指示：必须搞独立自主的武装斗争，不应该对国民党反动派还存有任何幻想。会议决定首先在遂溪沦陷区举行抗日武装起义，发展敌后武装斗争，同时，准备在日军打通湘桂线，雷州日军进攻高州地区时，发动各地起义，配合部队攻打高州。不久，遂溪老马起义爆发并取得胜利。老马起义的胜利，更加坚定了中共南路特委反对国民党顽固派，开辟敌后抗日根据地的决心。为了反对国民党徐闻当局镇压和迫害革命力量，开辟徐闻抗日游击根据地，同年 10 月，中共南路特委决定在革命基础较好的徐闻县下洋举行起义，并命令雷州人民抗日游击队第一大队（由雷州人民抗日游击大队、老马起义前后各地发展扩大的部分队伍及海康第三区抗日队伍合编）迅速赴海康、徐闻配合起义，以建立共产党领导的政权和抗日游击根据地。该大队辗转到海康活动时，乘冬至节日袭击了国民党海康县周克梅大队和苏圻大队，缴获了一批武器，并在海康扩充了一个连队。在部队开往徐闻之前，海康县特派员沈斌、大队长支仁山、政委唐多慧和徐闻县特派员陈醒吾一起开会研究起义事宜。会议决定在春节期间举行起义，因为这时候国民党顽固派官员往往回家过年，乘其不备，趁机杀掉一些国民党反动分子。

根据中共南路特委的指示，徐闻党组织领导人陈醒吾、林飞雄积极筹备起义。他们以地下抗日游击小组为基础，发动群众，依靠群众，筹备枪支弹药、粮食、被服等必需的物资，并以边坡、地塘、程禄、下港和净坡园为阵地，广泛组织下洋各村抗日游击小组开展军事训练，扩充武装人员。同时把唐学清、陈少珍、唐英等革命者留下来，以便迎接新任务。林飞雄动员他父亲卖掉水田 20 多亩，筹款购买了一批枪支弹药。他还让家人磨谷舂米，多做年糕，供起义时食用。方野则把 5000 多斤粮食和 10 支步枪，从曲界三河村运到坎下农场储备。

1945 年 2 月 9 日，林飞雄带领抗日游击小组成员李友、李成炳、林明英等到海康县东海仔迎接南路人民抗日解放军第一支队第一大队（由雷州人民抗日游击队第一大队改编，也称朱强大队）。因天气变化，运送朱强大队的 10 多艘船在新寮海面搁浅，部队被迫住进新寮岛北尾村。2 月 11 日，朱强大队 300 多人随林飞雄等乘船抵达外罗港西坡岭。然后，朱强大队分两路奔向下洋地塘村。12 日（农历大年三十）夜，朱强大队抵达地塘村。稍作休整，做好起义准备。第二天下午，中共徐闻县特派员陈醒吾和共产党员谭国强、张宗彩、张宗儒等赶到地塘村，与林飞雄、支仁山、唐多慧等在林飞雄家秘密召开会议，研究起义路线、行动计划等问题。

1945 年 2 月 13 日（农历正月初一）晚，由林飞雄、张宗彩、张荣相、张宗儒和谭国强等带路，朱强大队及下洋部分抗日游击小组分三路行动：一路前往下港村捉拿国民党徐闻县政府民政科科长陈杰民及其老婆杨越梅等人；一路前往后禄村捉拿国民党徐闻县东区联防主任张声、原国民党下洋镇镇长张达德及国民党徐闻县执行委员会书记长张光斗；一路前往湾仔村捉拿国民党下洋镇镇长林栋。震撼雷州的下洋起义爆发。除了张光斗没有回家过年侥幸逃脱，张声因抵抗被当场击毙之外，陈杰民、杨越梅、张达德、林栋均被抓捕。起义队伍还捣毁了国民党下洋镇镇公所，缴获步枪 10 多支、手榴弹数枚和子弹一批。第二天早上，起义队伍在后禄村集合后即准备转回地塘村，途经田西湖村时接到情报说国民党顽固派正在袭击地塘村，留在那里的后勤人员已撤入山林。起义队伍随即开往程禄村。

由于许多群众不了解南下部队，支仁山、林飞雄等商量后，决定由林飞雄和谭国强到下洋圩召开群众大会。他们向群众宣传下洋起义的意义和起义队伍的纪律。同时，号召群众支持南下部队，反对国民党顽固派，积极投身抗日洪流。广大群众深受鼓舞，反应热烈，纷纷拍手叫好。

为摆脱国民党顽固派的袭击，扩大行动影响，起义队伍冒着寒风冷雨，不断转移驻地。2 月 20 日早晨，起义队伍辗转到下洋边坡村，受到当地群众的热烈欢迎。群众腾房让铺给起义队伍住宿，把年糕送给战士们吃，许多青壮年还踊跃报名参加起义队伍。不久，下洋镇大部分村抗日游击小组陆续赶到这里集结，一时起义队伍增至 400 多人。20 日上午 10 时，起义队伍还来不及确定编制、番号、人数、领导等事宜，国民党徐闻县县长、国民党第四战区雷州独立挺进支队副司令陈桐就纠集了反动武装（包括徐闻县戴勉大队、刘健中队和海康县何麟诗、陈邦、唐钦明大队）800多人，分兵三路围攻在边坡的起义部队，分别从牛皮桥、姑村、溪卜向边坡村扑来。起义队伍立即组织猛烈的还击，与反动武装展开战斗。起义队伍多次打退了敌人的进攻，并击毙敌军10多人。其中，朱强大队副中队长兼一排排长唐友三带领队伍在牛皮桥附近阻止敌人进攻，迫使敌人多次退出牛皮桥。由于敌我力量悬殊，寡不敌众，下午5时，起义队伍被迫撤出边坡村，往坎下村集中，并于当晚向海徐边境撤退。在边坡战斗中，朱强大队中队长林隆盛、副中队长兼一排排长唐友三和肖鸿周、肖鸿祥、陈庆任、冯维生、邓宗祥、李进启等11名战士以及下洋抗日游击小组成员张文俊、张敬阳壮烈牺牲。队伍撤至海康英歌树村时，因坏人告密，张显进等抗日游击小组成员和朱强大队战士共15人被国民党顽固派杀害。

下洋起义历时8天，虽然没有取得最后的胜利，但它的历史意义重大而深远。下洋起义是整个南路武装起义的组成部分，镇压了一批国民党反动分子和地主恶霸，有力地打击了国民党顽固派势力，对于鼓舞徐闻人民抗日斗志起着举足轻重的作用。同时，也扩大了中国共产党在徐闻的影响，培养和锻炼了一大批干部，为夺取徐闻革命斗争的最后胜利奠定了坚实的思想和组织基础。

二、严峻的斗争形势

下洋武装起义边坡战斗结束后，气急败坏的国民党徐闻当局在下洋圩成立了东区"剿共"联防大队，李定一任队长，下辖三个中队，会同戴勉大队、刘健中队在徐闻东区进行大"扫荡"。下洋的地主恶霸也纷纷组织"暗杀队"，进行反革命活动。下洋起义失利后，建立多年的党组织被暴露，原扎根徐闻的革命者，除部分随队北撤外，大部分暂在徐闻藏匿，为躲避国民党顽固派的迫害，后来也陆续撤离徐闻。其中，林飞雄撤往遂溪县南区，继续开展革命工作。国民党顽固派疯狂地把下洋地塘、坎下村夷为平地，下港村部分房屋也被烧毁，来不及撤离的许多共产党人和一些革命群众惨遭迫害。此外，国民党顽固派还在下洋西尾湖村、锦和圩、和安圩驻扎军队，搜捕掉队战士。有 4 名掉队战士先后在和安后海村和下洋后禄村被杀害。在国民党顽固派的血腥镇压下，徐闻革命形势急剧恶化。

1945 年 3 月，按照中共南路特委指示，陈醒吾、庄梅寿等领导秘密潜回下洋继续开展活动。他们的任务是：一是继续联络寻找掉队战士；二是了解敌情动态；三是确定徐闻县今后革命工作方针。他们冲破敌军的严密封锁，经过 10 多天的寻找，找到了陈兆荣（即原徐闻特支书记，下洋起义时担任朱强大队政工队队长）及 16 名掉队战士，并安排他们陆续撤往遂溪。在撤离过程中，共产党员唐英因为误入敌区，被国民党顽固派杀害于下洋山家村路口。不久，陈醒吾、庄梅寿等又安排已经暴露身份的张宗彩、郑均、张宗儒、陈昌甫、张宗培等撤离徐闻。中共党员陈德盈、王强、林昌威、林礼鑫、林大秀、张茂进、杨奕生仍留在徐闻坚持斗争，陈德盈被指定为中共徐闻县联络员。

为了进一步做好善后工作，恢复徐闻革命活动，3 月下旬，中共南路特委在徐海（徐闻、海康）交界的北良山成立了徐闻县临时工作领导小组，中共徐闻县特派员陈醒吾为组长，曾尚纪、林其材为副组长。领导小组先后派方野、方堃、曾尚纪、蔡健、郑质光、林其材、唐克敏、张宗彩和张荣伍等人分别到曲界、徐海边界的牛寮村、八斗山和徐闻西区驿牛村等地，以烧炭、蒸樟油、耕田、开饭店等为掩护，秘密开展革命活动，其中曾尚纪带领郑质光、郑均、林裕、林琴英、林明山等到八斗山设立据点，并在和安、龙群、石板一带设立联络站。郑均、林琴英还扮成兄妹，以卖糖糕为掩护，乘机寻找失散人员和伤病员。林其材则带领唐克敏等秘密进入八斗山，主要工作任务：一是熟悉山区地理环境，绘制地图；二是团结教育山区群众，准备迎接南路抗日武装第二次进军徐闻；三是调查研究徐闻社会状况，审查尚未撤退党员的组织关系。由于当时斗争环境非常艰苦，生活十分困难，林其材便潜回家乡广州湾发动革命群众和开明人士捐献财物，推动了善后工作顺利开展。此后，领导小组吸收了革命青年吴德新、李耀华、林琴英、林裕、林明山等 5 人加入中国共产党。

4 月 30 日，共产党员吴德新和军村坡塘农场抗日游击小组成员陈妃喜、容佳娘、陈亚福、李妃伍到和安乡大文村发动群众制鞋慰问抗日部队。当时因坏人告密，他们被国民党和安乡队拘捕，后在和安乡白水塘遭枪杀。国民党顽固派残忍地把吴德新砍头示众。由于敌人活动猖獗，在曲界、八斗山、驿牛村等地活动的革命者，也因不能立足而陆续撤离徐闻。在这种形势下，中共南路特委撤销了领导小组，曾尚纪、林其材、张宗彩等撤往海康、遂溪等地。至此，撤离徐闻的共产党员和革命者（朱强大队除外）有：林飞雄、谭国强、陈少莲、陈少珍、唐学清、张宗彩、郑均、张典桥、林树松、李友、张荣相、邱立汉、张宗儒、方堃、林平、郑质光、张宗培、陈昌进、张宗焕、谭德尚、张裕、张敬创、李世华、李晖、林树柏、吴其金、陈昌甫、张荣伍、林明山、林琴英、陈醒吾、林其材、曾尚纪、蔡健、唐克敏等 40 多人。这些党员和骨干撤离徐闻后，徐闻革命进入更加艰难的低潮时期。

按照上级指示，当时负责徐闻联络工作的陈德盈，灵活机智地避开敌人监视，想方设法做好联络工作。他经常步行 100 多里，到海徐边界牛寮村附近向领导小组负责人陈醒吾汇报工作，返回后又迅速向党员传达上级指示，鼓舞革命斗志。1945年4月，陈德盈在下洋镇暴露身份后，被迫转移到前山开展革命活动。6月，陈德盈前往牛寮村向陈醒吾汇报工作，由于此时陈醒吾已转移，陈德盈曾一度与上级党组织失去联系。直至9月，陈醒吾派人联系陈德盈，并亲自和陈德盈一起前往海康沈塘找到了中共海康县特派员沈斌。至此，徐闻党员才重新恢复与上级党组织的联系。

4

第四章

解放战争时期

第一节 积蓄力量 隐蔽待机出击

一、徐闻东区革命活动

下洋起义失利后，留在徐闻坚持斗争的党组织联络工作负责人陈德盈遵照上级指示，陆续疏散或隐蔽在徐闻活动的共产党员和革命者，安排已暴露或可能暴露的干部撤退，未暴露的则转入秘密斗争。陈德盈、张茂进在新寮岛隐蔽并继续与留在徐闻工作的其他党员保持联络。王强隐蔽在前山的曾家村。杨奕生、方堃、黄玉慈、黄炯等人分别隐蔽在下洋的后村、黄塘、西尾湖等村庄。此外，林昌威、林礼鑫等 7 位同志则以经商或其他合法身份，前往湛江市霞山区的九八行商行隐蔽。当时对徐闻的革命青年支持比较大的有王广旺等人经营的广南庄，郑树柏等人经营的泗全行，黄淑川等人经营的广隆行，张瑞贤等人经营的合泰行。这些商行积极掩护共产党员和革命者，并在食宿等方面提供无偿的援助。

1946 年 4 月，中共党员陈世增、陈昌成、陈妃养、谭少芳、陈钟奇等从遂溪转移到徐城，在革命青年陈英美的协助下，与陈德盈取得了联系，得到妥善的隐蔽安排。随后，中共雷州组织负责人沈汉英也安排遂溪、海康等地共产党员王子云、王炽久、王振等分散到徐闻东区隐蔽。

这一时期，徐闻党组织虽然停止了武装斗争，但是并没有停止革命活动。在恶劣的环境里，陈德盈依然重视发展党员工作，于 1946 年春夏间发展了邓如大、黄智祥、黄玉慈、黄炯等进步青年入党，为后来壮大徐闻党组织，开展革命活动积蓄力量。

自 1946 年 6 月上旬起，中共七大代表、南路副特派员吴有恒向南路各地党组织传达中共七大精神和广东区党委于 5 月 6 日发出的《致各地紧急指示》（下称《五月指示》），指出：近来，东北内战扩大，华北、华中战事复起，全国内战形势紧迫，国民党频繁调动军队向人民解放区进攻，因而各地人民武装必须重新估计时局，不应对蒋介石为首的国民党反动派存有幻想，而应该坚持分散的自卫斗争，坚决、主动地打击国民党反动派，粉碎其一切阴谋，以保存力量，争取形势好转和停战协议的实现。中共七大精神和"五月指示"的传达，使南路地区的广大党员、干部和解放军指战员迅速克服了悲观失望的情绪，坚定了信心，对打开南路地区武装斗争的新局面起到重要作用。随后，中共南路正、副特派员温绰华、吴有恒根据中共七大和广东区党委的"五月指示"精神及南路国民党顽固派军队较前薄弱，人民革命斗争情绪日益高涨的形势，对南路地区的斗争进行新的部署：一是停止消极的撤退、隐蔽，坚持党的领导和自卫斗争；二是集结小股主力，镇压极端反动分子，打击"清乡""扫荡"的反动武装；三是广泛发动群众开展反"三征"（征兵、征粮、征税）、反内战、反迫害斗争；四是建立国民党统治区内的"两面政权"（指国民党统治区的一些对敌我双方都采取应对态度的基层政权）；五是发展人民武装，保卫暴露地区和积极开辟新区，建立长期坚持据点。

在长达两年的隐蔽期间，由于徐闻党员干部少，革命力量薄弱，群众基础较差，中共南路特委在徐闻并没有单独设立特派员。徐闻革命工作是由联络员陈德盈具体负责，并归中共海康特派员沈斌领导。1946 年 6 月前，徐闻党组织曾经与上级失去联系，后在陈德盈、王强等人的努力下，终于与沈斌取得了联系。

6 月下旬，中共雷州特派员沈汉英派遣党员张耀森、吴琪到锦囊乡城内小学，与长期在该校任教的革命青年韩华保一起，秘密开展革命活动，并成立中共锦囊城内村小组，组长吴琪。8 月，中共前山支部在冯村小学成立，邓如大任支部书记。9 月，中共海康东区片组织在新寮岛吸收韩启瑞、唐志土、郑茂儒、邱德谋、李时用、陈开森等入党，成立中共新寮小组，韩启瑞为组长。10 月，根据中共中央"你们应以占领整个海南岛为目标，将来向南路发展"的电报指示，中共琼崖特委为加强与徐闻及南路的联系，在海南琼山县成立了徐闻县工作委员会，任命中共琼山县委秘书吴必兴为徐闻县工作委员会主任。12 月，中共下洋后村支部成立，林昌威任书记，林大秀、黄玉慈分管组织、宣传工作。

在国民党反动派实行白色恐怖和疯狂的"清乡""扫荡"过程中，中共徐闻组织实行单线联系，在陈德盈的领导下，进行艰苦卓绝的地下活动。虽然在短期内无法组织武装力量打击敌人，但仍然认真贯彻执行上级党组织的指示，勇于面对现实，隐蔽待机，为迎接革命高潮的到来进行了积极准备与不懈的努力。

二、徐闻西区革命活动

抗日战争胜利后，国内革命形势处于低潮。徐闻党组织在西区的活动较少，革命力量较为薄弱，而国民党徐闻当局对西区的防范也较为松弛。1946 年 7 月，中共雷州特派员沈汉英派遣共产党员王子云、王炽久、王振等从遂溪到徐闻西区开辟新的游击区，开展秘密的革命活动。1946 年底，为躲避国民党顽固派的追捕，陈南武通过亲戚关系到了迈陈地区隐蔽，以教书为名继续从事革命活动。

王子云等到徐闻西区后，意识到要在西区站稳脚跟，开展革命活动，必须有一个正当的社会职业作掩护。因此，他们在迈陈圩开设了一间商店，商号为华元堂，主要经营盐业生意。他们通过湛江市霞山洪屋港船运中转店，建立秘密联络站，由杨明卿负责。中转店经常把游击区缉获的走私货转运到华元堂出售。在华元堂的掩护下，王子云等人得以隐蔽，并很快就结识了西区的大部分地主豪绅和国民党乡长、保长，摸清了他们的政治动态。随后，王子云等人一方面采取灵活的方法和周密的措施，与西区的部分地主豪绅和国民党政府人员搞好关系，让他们在政治上完全麻痹，失去戒备。另一方面，王子云等人积极开展统战工作，争取了一些与国民党顽固派离心的保长和绅士的信任，引导进步人士邓建乔、谢伯深、占五经等参加或支持革命斗争。经过一段时间的努力，王子云、王振、王炽久等人在这片革命基础较为薄弱的土地上站稳了脚跟。

在华元堂的掩护下，王子云、王振、王炽久等以商人的身份积极活动，在广大青年、盐业工人、搬运工人和农民群众中，以多种形式大力宣传共产党和八路军英勇抗战的英雄事迹，揭露国民党顽固派掀起内战的罪恶；宣传共产党必胜、国民党必败的革命道理。经过大胆而慎重的积极活动，1947年初，徐闻西区的劳希文、劳度昌、郑均章、劳广昌、黄大昌、金汉发、陈耀南、钟业全、钟林泽、林祯兰、劳廪昌、郑妃任和蔡茂权等进步青年加入了革命队伍并发挥了骨干作用。他们进一步广泛、深入地发动和组织群众，宣传革命道理，使革命思想影响日渐扩大，革命力量日渐发展，在东莞、新地仔、田圮、北海仔以及许家寮、北注、放坡等20多个村庄组织了同心会和游击小组，参加人数达100多人，掌控了东莞、田圮、北海仔等村的30多支步枪和短枪。1947年6月，为了加强革命武装装备，王子云派陈耀南和郑善基从华元堂拿出480块光银带往海南，向国民党兵购买一批子弹和手榴弹，为后来建立迈西（迈陈、西连）区武工队和第五区区中队做了充分的准备。与此同时，陈南武以教书为名，先后在迈陈下村、本宫村和讨墩村任教，继续开展革命活动，并在新地村、迈陈圩、西连和角尾等地建立了联络点，组建武装游击队伍，开展配合解放军南下、解放雷州半岛和海南等革命活动。

为加强情报联络，王子云、王振、王炽久等先后在徐西区的东莞、田圮、许家寮、瓜藤、迈霖、北注、把伍、提创、金土、那朗等村庄建立起 12 个地下交通情报联络站，在放坡村建立了一个海上交通联络站。由于地下党工作人员来往华元堂过于频繁，为了避免国民党的注意，他们又在迈陈圩建立了群和堂（药店）交通联络站，劳广昌任站长。劳广昌忠于职守，他的妻子也积极支持他的工作。他们及时收集和传递各种情报信件，热情接待党的地下工作者，主动负责来往人员的住宿、治病及路途等费用。1948 年，劳广昌捐献生盐 1000 多包，运往遂溪游击区支援革命。

在"打倒国民党顽固派"这一共同目标下，徐闻西区广大人民群众积极参加、支持革命斗争，主动传递各种情报，援助和掩护遇到危难的革命同志，自觉为党的活动保密。徐西游击区的开辟，使徐闻东西两翼革命力量得到同时的发展，对徐闻的解放起到了积极的促进作用。

三、徐闻中北区革命活动

1947 年 5 月，中共遂溪中心县委派遣周汉宗从湛江到徐闻县城一带，以经商为名秘密进行革命活动。

周汉宗在其徐城同学邓邦俊家落脚，开始对徐闻县城的社会状况进行综合调查，掌握社会青年思想动态。经周汉宗引导，进步青年吴开彧、李世英、邓舜华于 1947 年间先后参加革命，徐闻中区的第一个地下交通联络站就在吴开彧家建立。根据徐城国民党反动军队封锁较严，人口集中，容易隐蔽的特点，周汉宗带领联络站的工作人员，充分利用各自社会关系，首先在各自进步的亲友、同学中宣传革命思想，稳妥地发展革命力量。1947年底至1948年初，何凯家、何煊家、杨剑、吴日新、邓河澄、邓颖、邓毅、邓舜英、邓运辰、李世杰、苏臣梅等一批进步青年加入革命队伍，他们又在各自的亲友、同学中广泛宣传革命思想，积极利用可靠力量进行多种形式的革命活动。他们在徐城立基书店、南门塘小学和竹山小学等处设立宣传点，采取销售和赠送进步书刊、谈论时事、教唱革命歌曲等方式，对广大学生和群众进行革命教育。邓舜华、吴日新把从游击区带回的宣传品秘密散发到徐闻初级中学和国民党政府机关。在秘密串联发动下，徐闻初级中学的一些进步学生陆续走上革命道路，并在学校中掀起对国民党顽固派的声讨活动，使徐城的革命形势为之一新，令国民党顽固派恐惧。

周汉宗在徐闻中区开展活动后，中共雷州组织经常派彭家琛和唐克敏到徐城传达指示，指导工作。李世英也频繁来往东海岛，直接向沈斌汇报和请示工作。在雷州地区党组织的直接指导下，徐闻中区的各项革命工作得到了较为全面的发展。

收集情报工作是党组织的一项重要任务。徐闻中区的革命同志除收集一般地方政治社会情况外，还积极利用各种社会关系，与国民党警察局刑警大队长刘健、警察局督察陈文藻等人搭上关系，直接了解国民党的兵力部署、武器装备、行动方向、主要会议决定等重要情报，对党组织及时采取对策以减少损失起到重要作用。

在革命斗争形势稍为好转的情况下，徐闻中区的革命武装力量得到了发展。1948年下半年，李世英在宿虎村成立徐闻中区第一个游击小组，成员有老农邓邦泽，青年农民邓家晋、邓堪妃、劳民等人。随后，邓邦泽的妻子和他们的儿子邓家尧、邓家兴也参加了游击小组。1947年11月初，经李世英介绍，李世杰在徐城西南龙塌村以教书为名进行革命活动。其间，李世杰在龙塌村先后动员杨运德、麦瑞昌、庞之卿、蔡庆荣、陈庆章、林德乔等进步青年参加革命，发动他们收集民枪，组织游击小组，建立武装。他们在城郊和南安乡先后发展了三支农民武装队伍共 153 人，拥有长短枪共 136 支，其中短枪 20 支。这三支农民武装队伍以徐城为中心，在石岭、北潭、龙塌、大黄、南安等地积极活动，有力地牵制了国民党徐城驻军的行动。

由于革命队伍中有人被捕后叛变，一些革命者被迫紧急撤离徐闻，徐闻中区革命活动曾停顿一段时间。为恢复徐闻中区的革命活动，1948 年 8 月左右，中共高雷地委书记沈斌派遣李世英再次返回徐闻中区活动。李世英返回徐闻后，立即向中共海康县委书记欧汝颖请示，并获准与指派的方周、林荣九（绰号"三六"）一起，从东海启程经海康土角村、徐闻青桐洋村（今属雷州市英利镇）回到徐城北面的马琴村，住在李德满家中。李德满一家积极掩护李世英等人在附近一带的村庄开展革命活动。其后，李世英再次深入徐城与邓舜华、吴日新等人取得联系，恢复了徐城交通联络站的工作。吴日新在徐闻初级中学，组织符世锦、林芝、曾锦明等进步学生印刷战报和标语传单，在学校、国民党政府机关、民宅小巷等处广泛散发。1948 年底至 1949 年初，符世锦等人组织徐闻初级中学进步学生发起驱逐反动校长吴继辉和冲击国民党警察部队事件，在社会上产生了积极广泛的影响。这一系列革命活动，增强了徐城群众的革命斗争意识。

徐城交通联络站恢复后，取得很多有价值的国民党内部情报。1948 年 10 月，党组织在巩固徐闻中区工作的基础上，以马琴、宿虎两村为联络点，向徐闻北区方向发展，并在青桐洋村翁秀芬和山寮村何玉梅家中设立了交通情报站，负责与海康东南区的交通站联络。至此，徐闻中北区与海康东南区的情报沟通网络基本畅通。

武装斗争的开展与游击区的扩大

一、徐闻交通联络总站的建立

在游击区，徐闻各武工队和游击小组积极开展武装斗争，要粉碎国民党顽固派的"清剿"，迫切需要各方情报的及时输送传递。

1948 年 8 月间，由于徐闻武工队的撤离，徐闻东区各交通联络情报站点基本停止活动。为迎接人民解放军粤桂边区第二支队第八团南下徐闻，他们横扫徐闻东区国民党反动武装，徐闻的革命斗争形势开始好转。根据斗争的需要，1949 年 1 月 3 日，在下洋桐挖村建立了徐闻地下交通联络情报总站。总站长由黄智祥担任，副总站长由王显善担任，他们在加强交通基础设施建设，改善环境，购置交通工具，培训交通员的同时，拟出联络方式和应付策略方案，做好人员、货物往来接送，情报畅通，消息精准，做到有备无患。交通员大多来自游击活动区，他们分别是何惠莲、郑成来、陈开森、王荣隆、王赵武、陈琼华等 30 多人。总站按东、西、南、北线设立基层分站（点），使徐闻东区基本形成了一个四通八达的地下交通情报网络。徐闻地下交通联络情报总站和各基层分站（点）得到调整、充实和完善之后，迅速恢复了活动，相互沟通、逆行运转，对徐闻革命斗争的顺利开展发挥了积极的作用，使徐闻地区的革命斗争形成公开斗争与秘密斗争相互结合的格局。由于有各交通联络站点的有机配合，及时传递有关情报，武工队及各游击小组在开展武装斗争和粉碎国民党顽固派的"围剿"过程中，灵活机动地开展游击战，并能以攻为守，通过打击敌人，保护自己，最后成功地粉碎了国民党顽固派的疯狂"围剿"，保存了革命实力。

二、中共徐闻县委与各级党组织的建立

1949年1月6日，粤桂边区人民解放军第二支队党委在徐闻下洋墩尾村召开党委扩大会议。第二支队党委书记沈斌，委员支仁山、卢明，第八团政委马如杰、团长郑世英，还有徐闻县党组织负责人谭国强、郑质光和陈德盈等人参加了这次会议。会议对部队当前工作、部队活动方向和如何巩固徐闻东区以及如何发展地方武装力量等问题，进行了深入讨论，并作出了决定。为加强对解放徐闻工作的指导，会议宣布成立中共徐闻县临时工作委员会，谭国强为负责人，委员有陈德盈、郑质光，党员13人。中共徐闻县临时工作委员会的成立，标志着徐闻加强了党的核心领导。自中共徐闻县临时工委成立之日起，谭国强与郑质光两人，留在徐闻全力主持建党建政工作。

随后，为迅速充实和加强徐闻的革命力量，顺利开展徐闻的建党建政工作。中共高雷地委于1949年春从各地陆续调配干部到徐闻。从遂溪、海康等地调到徐闻的党员干部有李寿民、黄其柳、陈栋、陈少珍、林萍、彭民、彭伟、陈绍新、曾宗平、唐学清、张耀森、蒋如信、吴友廉、庞高业、陈世纯、陈剑锋、吴凤歧、徐有恒等。从第二支队第八团、第六团调到徐闻的有梁建强、黄珍、黎妙等。通过华南分局从海南调回徐闻的有邝世发、吴必兴、何凯家、蔡民生等。

4月上旬，中共徐闻县临时工委在下洋召开扩大会议。会议

传达了中共雷州地委的决定：撤销中共徐闻县临时工委，成立中共徐闻县工作委员会，谭国强任工委书记，邝世发任工委副书记，委员有谭国强、邝世发、李超儒、郑质光、钟江、陈德盈、唐学清、陈理祥。此后，中共徐闻县工作委员会通过了《徐闻工委会决议》（以下简称《决议》）等重要的指导性文件，为徐闻的建党建政工作指明了方向并提出了具体要求。《决议》根据中共雷州地委"建立徐海山地根据地"的方针及当前革命斗争的新形势，制定了徐闻今后的斗争方针与主要任务：一是充实各区干部，迅速开展工作，放手组织群众，武装群众，把山区工作逐步巩固起来，以达到控制山地，特别是深山的目标，同时紧密配合西乡及附城展开工作；二是部队的活动方向，主要在县城周围扰袭、牵制敌人，迫使敌军缩守孤城，帮助山区巩固与掩护西乡开展工作；三是开始整顿老地区，总结过去各项工作的经验教训，针对存在问题，采取措施，有效解决，建立和健全人民政权。《决议》还对军事、调整党组织、党务、青年、充实政权机构等工作作出了具体的安排。随后，中共徐闻工委根据《决议》的有关精神，积极开展武装斗争，完善县、区、乡党组织和政权组织，建立了县工委组织部、宣传部等工作机构，决定在全县设立 4 个区党委。第二区区委辖曲界、锦囊、和安党组织，书记为郑质光；第三区区委辖下洋、前山、仙安党组织，书记为陈栋；第四区区委辖龙塘、白沙党组织，书记为陈桐祥；第六区区委辖下桥、青桐、石板党组织，书记为唐学清。第一区委和第五区委由于条件尚未成熟，而暂不设立。县工委暂时指派陈德盈、李超儒分别为这两个区党的工作负责人。

8月，根据中共雷州地委的指示，中共徐闻县工作委员会在下洋召开扩大会议。会议主要内容：一是宣布撤销中共徐闻县工作委员会，成立中共徐闻县委员会，县委书记为谭国强，副书记为邝世发，委员有谭国强、邝世发、李超儒、唐学清、郑质光、吴必兴。县委下设组织部、宣传部、妇女工作委员会，妇女工作委员会书记为陈少珍。二是总结自1949年4月以来的各项工作成绩，部署今后工作。三是决定撤销区建制，改设乡镇建制，全县各乡镇建立党总支部、成立各级妇女组织等机构。因工作需要，县委决定暂时保留徐东区委。县委下辖徐东区委和下洋、前山、锦和、仙曲、白龙、青桥等6个乡党总支部。徐东区委书记郑质光，委员郑质光、陈栋、邓如大、黄其柳、沈兆炎和林树松；下洋乡党总支书记邓如大；前山乡党总支书记柯道中；锦和乡党总支书记沈兆炎；仙曲乡党总支书记廖正福；白龙乡党总支书记李寿民；青桥乡党总支书记张耀森。其中下洋、前山、锦和、仙曲等4个乡党总支部由徐闻县委和徐东区委实行双重领导。11月，县委下辖的乡镇党总支部增加了3个：迈西乡党总支书记陈栋；南安乡党总支书记王振；附城党总支书记陈德盈。据统计，截至1949年下半年，徐闻县共产党员发展到200多人。

三、各级人民民主政权的建立

为了便于公开号召和团结各阶层人民，统一全县的军令政令，中共徐闻县临时工委、县委在加强党组织建设的同时，迅速着手各级人民民主政权的建设。先建立乡级政府再建立县级政府，是党组织领导徐闻人民民主政权建设的一个突出特点。

1949年2月，中共徐闻县临时工委在解放区与东部群众基础较好的游击区，初步建立了党组织、政权、武装三结合的乡级人民政权，下洋、前山、仙安、锦囊、龙塘、曲界等乡政府、乡武装中队相继建立。下洋乡乡长黄熙英，前山乡乡长邓承浩，仙安乡乡长郑奋才，龙塘乡乡长杨芝海，锦囊乡乡长王家亨，曲界乡乡长廖德瑞。随后和安乡人民政府成立，乡长李荣义。

根据徐闻各乡建政工作的开展形势，中共雷州地委于3月委任谭国强为徐闻县县长，同时指示由他主持筹建县政府机构工作。经过一个多月筹备，4月1日，徐闻县人民政府在下洋圩正式对外宣告成立，谭国强任县长，赖再德任副县长（兼军事科长）。徐闻县人民政府临时驻地先后在下洋净坡园村、那屋村，前山和家村、甲村和曲界三河村等地（徐闻全境解放后迁入徐城）。县政府属雷州行政督导处领导，下设秘书室、民政科、民运科、宣教科、军事科和财粮科等六个政府工作机构。为了相应对接开展工作，县政府宣布撤销乡建制，改设区建制，全县设置了六个区人民政府。第二区区长颜惠民，第三区区长蒋家兴，第四区区长李升汉，第五区区长王子云，第六区区长胡祖亮。第一区由于条件尚未成熟，推迟建立。

徐闻县人民政府宣布成立之时，即发布了《徐闻县人民政府施政纲领》，主要内容为：一是徐闻县政权属于徐闻全体人民。为了社会安定，拟召集全县各阶层爱国人士、开明绅士、各民主党派、各人民团体共商组成人民民主政府。二是废除蒋政权中之一切害民苛政，特别是征兵征粮苛捐杂税等，改善人民生活。三是对于蒋政权中良善而有丰富行政工作经验的公务员，一律不加歧视，盼其能贡献所长，参加建设新政权的工作，并迅速建立各区乡人民政府以便为人民服务。四是建立真正属于人民的地方武装以保卫人民民主政府。五是保护一切私人经营的工商业。六是现阶段实现减租减息与保证交租交息，改善租佃关系，发展农村生产。七是对地方反动武装：（一）武装起义为人民立功者奖；（二）自动解散、放下武器、安分守己、转业为商为农者，既往不咎；（三）继续顽抗大势，执迷不悟，残害人民者，坚决歼灭之。八是本县财政经济政策，将合理负担，以不增加民付为原则。九是发展教育，提高文化水准，实行普及教育，普遍举办民校，扫除文盲。与此同时，县政府还颁发了《保护工商业条例》《累进征粮法》和《徐闻禁粮出口法令》等一系列法令条例，对于稳定社会秩序、恢复生产，巩固人民民主政权起到积极作用。

8月，为适应形势发展和加强对乡级政权的领导，中共徐闻县委、县政府决定撤销区建制，设立乡镇建制。先成立了下洋、前山、锦囊、仙曲等乡人民政府，白龙、青桥、迈西、南安乡和附城镇人民政府也相继成立。至11月，全县共有8乡1镇：下洋乡乡长黄熙英，前山乡乡长邓承浩，锦和乡乡长邓文钦，仙曲乡乡长王强，白龙乡乡长何凯家，青桥乡乡长黄礼循，南安乡乡长符世锦，迈西乡乡长王子云，附城镇镇长邓友。

徐闻县各级人民政府建立后，人民民主政权得到了进一步加强，各阶层人民群众的革命热情得到进一步提高。各级人民政府在各级党委的领导下，积极行使职权，发动进步青年参军参战、发展地方人民武装，领导和组织群众反"扫荡"、反"三征"斗争，开展减租减息、废除高利贷、解放婢女运动，开展除匪肃特、维护社会治安稳定等工作。随后，他们开展合理筹集军粮和征税等工作，同时全县的工会、农会、渔会、青年团、妇女会、民兵等组织不断发展壮大。

人民武装力量的发展与壮大

一、扩编武工队及组建武装排

粤桂边区人民解放军第二支队第八团撤离徐闻后，中共徐闻县临时工委在徐闻东区整编了徐闻县武工队，共有成员50多人，分为两个小队，分别由谭国强、陈德盈和郑质光、黄礼循带领，主要活动在下洋、前山、锦囊一带。其间，徐闻县武工队以"放手发动，恢复老区，发展新区"为宗旨，以"打倒国民党反动派"为口号，紧紧地依靠人民群众扎根农村，大力开展反"三征"工作，与国民党反动武装展开针锋相对的斗争，在巩固东部老区的基础上，逐渐向中西部地区推进。

徐闻县武工队抓住有利时机，在国民党的大批援兵未到，本地残敌对人民武装力量虚实不明、惊慌失措之时，果断地收缴在第二支队第八团南下期间国民党地方武装解散后藏匿的枪支，从根本上摧毁国民党地方武装的抵抗力量，以巩固徐闻东区的革命局面。1948年12月11日上午11时，中共徐闻县临时工委集中了徐闻武工队两个小队共30多人，隐蔽行军5千米，迅速包围了下洋乡田头宅村，在该村边的山林里逮到了国民党下洋乡乡长陈文伟，挖出了国民党下洋乡队遣散时藏匿的33支长短枪、2000多发子弹及10多枚手榴弹。为争取尽快分化瓦解国民党反动阵营，谭国强许诺，只要陈文伟能弃暗投明，可以既往不咎。因此，陈文伟当即表示保证以后不再替国民党反动派卖力，并书写劝降函寄发给其他 11 位国民党乡镇长。

1949 年 1 月 12 日，为适应武装斗争的需要，中共徐闻县临时工委在下洋乡边坡村祠堂，宣布成立徐闻县武装排，排长王荣章，共 30 多人，下辖三个班。徐闻县武装排是徐闻党组织领导下，建立的第一个正规武装部队。为加强对武装排的领导，中共徐闻县临时工委指定临时工委委员郑质光具体负责武装排工作，同时派出共产党员林昌威、谭国威、蔡朝栋、黄玉慈、蔡廷树、黄炯等到武装排工作。随后，郑质光带领武装排全体战士，在下洋弄坡村进行了短期训练，学习人民军队的宗旨、三大纪律八项注意以及毛泽东的军事战略思想和一些军事知识。

徐闻县武装排组建以后，积极宣传、发动和组织群众开展武装斗争，有力地打击了国民党反动武装，对迅速发展徐闻革命武装力量及解放徐闻产生重大的影响。

二、徐闻县独立营的建立

1949 年 2 月下旬，中共徐闻县临时工委在下洋乡那屋村将徐闻县武装排扩编为徐闻县第一武装连，下辖 3 个排共 100 人。第一武装连党支部随之建立，支部书记郑质光。3 月上旬，中共徐闻县临时工委在前山乡冯村组建徐闻县第二武装连，下辖三个排共 100 多人，第二武装连党支部随之建立，支部书记黄炯。

根据中共高雷地委指示，中共徐闻县临时工委将第一、第二武装连整编为粤桂边区人民解放军第二支队徐闻县独立营。3 月中旬，徐闻县独立营在下洋后村宣布成立，营长李世英，政委谭国强。随后，中共徐闻县工作委员会将起义部队和部分乡队整编为徐闻县独立营第三连共 100 人。从此，徐闻县独立营下辖 3 个连共 320 多人。

6 月 18 日，徐闻县独立营归入粤桂边区人民解放军第二支队建制，番号为粤桂边区人民解放军第二支队第六团第二营，8 月 1 日，中国人民解放军粤桂边纵队成立后，该营番号随之改为中国人民解放军粤桂边纵队第二支队第六团第二营。该营肩负着"巩固老区，开辟新区，消灭反动武装，发展革命武装，帮助和保障政权建设，逐步形成对县城的包围，最后夺取县城，解放全徐闻"的历史使命，把军事行动同发动群众、发展人民武装和建设民主政权结合起来，展开了积极、主动、大胆、广泛的斗争。这个时期，该营克服重重困难，积极发动群众、发展人民武装，不但在革命基础较好的东区积极活动，而且迅速向下桥、青桐、石板、附城、迈陈、西连等新区推进；还与国民党正规部队进行了英勇顽强的战斗，横扫了国民党龙塘、白沙等地方反动势力，解放了徐城、南兴、北和等地区。

三、海战连、徐英连、猛先连和善战连的建立

从 1949 年 4 月下旬开始，中共徐闻县工作委员会相继建立了海战连、徐英连、猛先连和善战连等四个地方性武装连队，继续加强徐闻的武装斗争力量。

5 月，徐闻县海战连在前山乡山狗吼村（今山海村）建立，连长林诗仁，指导员金太源。由山狗吼流动税站工作人员、刘健起义部队部分士兵和中共遂溪、海康组织派来的战士共 40 多人组成，同年 8 月移交给前山乡人民政府管理。7 月，徐英连在前山乡建立，由前山、仙安乡队和甲村、深水、城家等村的村队共 80 多人组成，连长吴开珍，指导员黄炯。同月，徐闻县猛先连在迈西乡建立，连长邓建乔，指导员劳希文。由第五区区中队 60 多人组成。9 月，徐闻县善战连建立，连长黄义玉，指导员谭国威。由徐英连与县委警卫排共 90 多人整编组成。

各武装连队建立以后，紧密配合粤桂边区人民解放军第二支队第四团进行英勇作战，为巩固和发展徐闻革命成果作出了积极贡献。6月，海战连在山狗吼海面，截获了从海南临高驶往湛江的国民党运输船一艘，缴获大米200多包。随后，海战连将缴获来的大米运到东海岛牛牯湾支援游击根据地。7月中旬，猛先连配合第二支队第四团主力，在三阳桥附近伏击国民党一五一师一部和徐闻保安营等国民党"扫荡"部队，俘虏了一批国民党反动官兵，缴获子弹4箱、手榴弹多枚、自行车2辆和国民党青桥乡乡长吴惠深的行李箱5个，箱内有光洋973枚和金项链、金戒指、手表等贵重物品及药品。海战连在徐闻东部沿海一带缉私征税，为保障部队和机关的供给作出了重大贡献。9月底，林诗仁和张荣伍带领徐闻海战连与琼崖纵队海军连相互配合，在山狗吼海面缴获了从湛江逃往海南岛的国民党军用木壳机帆船一艘，俘虏了国民党勤务兵和军官眷属及国民党徐闻县前山乡暗探特务周进森、国民党和安乡政府职员李寿海等100多人，缴获长短枪20多支、电台一部。随后，徐闻县人民政府依法枪决了作恶多端的特务分子周进森，判处了李寿海有期徒刑，船上其他人员全部释放。

四、各区（乡）中队和武工队的建立

为加强徐闻地方革命武装力量，各区（乡）中队和武工队相继建立。1949年3月，徐闻东区下洋、前山、仙安三个乡人民政府先后建立了乡武装中队，三支乡中队共有长枪97支、短枪29支，队员110多人。下洋乡中队队长林大秀，队员30人；前山乡中队队长邓承浩，队员50人；仙安乡中队队长黄廷刚，队员30多人。3月下旬，下洋乡中队通过积极开展宣传教育工作，收缴了原盘踞在下洋乡中区一带的国民党后禄村自卫队（地主反动武

装）的各式枪支 27 支。3 月 25 日，和安乡中队建立，队长麦侨彰，队员 14 人，拥有各式枪支 13 支。4 月，徐闻县第四区区中队和武工队建立，区中队队长何凯家，指导员周登贻，队员 50 多人；武工队队长郑立民，指导员李寿民，队员 10 多人。各区、乡中队建立后，主动打击国民党反动军队，有力地牵制敌人，使徐闻东区的建党建政工作得以顺利进行。

徐闻东区群众性武装斗争，进一步推动了徐闻北区和徐闻西区人民武装的发展。1949 年初，为锄奸反特、发动群众，在胡子亮、赵经乙、程性辉等人的组织下，徐闻县北区武工队建立，队员 28 人。北区武工队建立后，坚持运用"化整为零，避实就虚"的游击作战方针，积极在下桥、石板、青桐一带开展武装斗争活动。3 月，北区武工队发展到拥有枪支 60 多支。其间，又组建了一支武工队以进一步加强北区的斗争力量，这支武工队队长林智，队员 20 多人，他们在曲界、下桥等地积极开展活动，有力地配合了县武装连的斗争。为便于第六区的工作顺利开展，北区武工队于 4 月扩建并改编为下桥乡中队，共有队员 100 多人。同月，第五区区中队和武工队相继建立，区中队队长邓建乔，指导员劳希文，队员 60 多人；武工队队长钟业全，队员 17 人。第五区区中队建立后，经常与下桥乡中队相互配合，联合打击国民党反动武装，为打开徐闻北区的工作局面作出了积极的贡献。5 月下旬，国民党英利乡中队进入第五区"扫荡"，第五区区中队和下桥乡中队共 100 多人，在桃园村旁边公路上，向准备进村"扫荡"的国民党英利乡中队发起突然袭击，国民党英利乡中队匆忙撤走。6 月，国民党海康当局派遣韩仔中队 100 多人进驻下桥，构筑工事，企图作持久对抗。6 月中旬，徐闻县第五区区中队、下桥乡中队联合海康县飞鹰连共 200 多人，在下桥乡东部，乘着国民党韩仔中队官兵下溪洗澡之机，向其发起猛烈攻击。经一个小时的战斗，韩仔中队官兵被消灭一半以上，韩仔带着残兵败将溃逃。

其间，为了配合解放军南下，解放雷州半岛和海南岛，陈南武以"中国人民解放军粤桂边纵队某支队"的名义，在徐西区已经组织了一支较大的武装游击队伍，积极开展革命组织活动。徐闻中区及南安乡一带也先后建立了三支人民武装队伍，在李世英的组织领导下积极开展武装斗争。1948年下半年，李世杰在徐城西南的龙塌村发动杨运德、陈庆章、林德乔等进步青年，组建了一支农民武装。至1949年4月，这支农民武装发展到50多人，拥有短枪7支，步枪30多支，他们处决了木棉树村的国民党特务常仔，警告了国民党南门塘保长张文荣和队副李康德。同月，中共徐闻县工委将这支武装改编为第一区区中队，编入徐闻独立营。1949年3月下旬，陈庆章离开龙塌村，与陈益修、林文彪在西北门、东寮一带村庄发展人员，组建了一支武装队伍，共有队员56人，拥有短枪8支、步枪40多支。这支队伍在北潭、石岭、西北门、下桥一带开展武装斗争活动，处决了国民党特务曾某（名字不详）和作恶多端的陈中和（曾担任过日伪联防队长）。后来，这支队伍编入徐闻独立营第二连。3月，李世英和陈合研究决定，派杨永年回到南安乡竹山村发动群众、组建武装队伍。杨永年先后发动潘妃尾、洪锦、杨正书等人，建立了一支武装队伍，共有40多人，拥有长短枪30多支。这支队伍在南安乡一带频繁活动，吓跑了国民党南安乡中队长翁江，震慑了竹山、三塘一带村庄的地主官僚。4月，中共徐闻县工委派王振、陈钟奇、张天保等人到这支队伍担任领导，并于5月将其改编为南安乡中队，队长杨永年，指导员张天保，队员50多人。

其间，在各区、乡人民政府武装队伍的相继建立及其英勇斗争精神的鼓舞下，徐闻东区、南区、北区、西区、中区所属的各乡村，纷纷组织建立起村队。仅徐闻东区的村队就有 900 多人，拥有各式枪支 399 支。广大人民群众踊跃站岗、放哨，守护家园，严防敌人进犯。

第四节　全面反攻　全力以赴

一、直捣曲界，解放徐闻东区

1948 年 12 月 24 日，中共高雷地委在遂溪中区召开作战会议。根据保十团起义后高雷地区的形势发展，决定粤桂边区第二支队当前的工作方针是："大军向新地区发展，小股留下巩固老区。"第二支队第八团的任务是南下徐闻、海康，扩大根据地；进军路线是先下徐闻，再入海康；进军目的和宣传口号是"打倒国民党反动派，推翻国民党反动统治，抵制国民党反动派'三征'政策"。为了利于第八团在徐海地区开展军事斗争和地方工作，会议决定在第八团南下期间由新四团在遂溪、湛江地区积极活动，以牵制敌军，策应第八团南下。会后，第八团党委在进军前对全团指战员作了动员，统一思想认识，并根据徐海革命基础比较薄弱的实际，要求全体指战员主动承担战斗队和工作队的双重任务，一方面要打好仗，打出军威，让群众看到人民军队的强大力量，看到革命胜利的前景；另一方面要加强政治攻势，掌握减租减息、退租退押、保护城市工商业等政策，广泛宣传发动群众，争取群众的支持。

根据中共高雷地委的决定，12 月底，粤桂边区第二支队第八团团长郑世英、政委马如杰、副团长唐林、副政委兼政治处主任陈拔等全团 340 多人，在第二支队司令员支仁山、政委沈斌、副司令员王克、政治部主任卢明等的率领下，从遂溪中区出发，经湛江通明港乘船南下。1949 年 1 月 2 日，第二支队第八团抵达徐闻东部曲界后禄、张畴村一带之后，随即做好战斗准备，决定于次日袭击徐闻重镇曲界圩。曲界是徐闻东部腹地，是交通要道，如果第八团占领了曲界，无疑是卡住了徐闻东区各地之敌的咽喉。

1 月 3 日，适逢曲界圩日，第八团派侦察员随着赶集的人群进入曲界圩了解敌情。下午 2 时，集市刚散，第八团立即乘着国民党乡、保人员集中在曲界小学开会之机，迅速包围了曲界小学和国民党曲界镇公所。国民党曲界乡、保人员尚未来得及反抗，便全部当了俘虏。国民党曲界镇中队 70 多人，闻声急忙钻入竹园或山林中逃跑了。第八团拔掉国民党曲界据点后，打开镇公所的粮仓，把粮食分给群众，深受群众欢迎。

由于第八团直捣曲界，来势猛、声势大，国民党正规部队闻风龟缩回徐闻县城，不敢出动；各乡、保武装人员更是闻风丧胆，或逃遁藏匿，或缴械解散，国民党徐闻东区的乡保政权基本瘫痪。此时，国民党广东当局急令广东第六十二军第一五三师第四五九团团长万洪昌率部南下，驻扎在海康县，待机进入徐闻；同时命令国民党海康警察局局长黄椿生率领海康反动地方武装，迅速奔赴徐城布防，以防第八团攻打徐城，并随时配合第四五九团"围剿"第八团。针对国民党的这种动态，第二支队党委于 1 月 6 日在下洋墩尾村召开党委扩大会议，分析了国民党调兵遣将的阴谋，预测了雷州半岛的形势，研究部署了第八团随后的工作方针、行军方向和发展计划等问题。

下洋墩尾会议后，第八团从下洋出发，相继扫除了黄定、龙塘、金满堂、沟尾、锦和等地国民党地方反动武装，这些地方国民党军政人员犹如惊弓之鸟，瓮中之鳖，纷纷放弃据点，或遁入深山，或逃往徐城，以求保命。因此，徐闻东部地区的国民党乡、保政权全部崩溃，徐闻东区宣告解放。1月中旬，第八团挥戈北上，进驻英利圩，控制了徐闻北区的下桥。

第八团南下徐闻期间，严格遵守人民解放军"三大纪律，八项注意"，做到行军不扰群众，宿营不占民居，买卖公平，借物要还，损坏赔偿。他们沿途破仓分粮，赈济贫民，发动群众，组织武装，所到之处积极开展帮助群众挑水、劈柴、种地、治病等活动，深受徐闻广大群众的拥护和爱戴。对那些不抵抗而解散的国民党军政人员，只收缴其枪械，不侮辱谩骂，不没收财物，不牵连家属。由于第八团正确执行共产党和人民解放军的各项政策，不但树立了人民军队的威信，使人民群众对共产党有了更深的认识，同时也感化了中间势力和瓦解了敌对力量，为下一步徐闻的全面解放创造了极其有利的条件。

二、开展民主斗争，营救革命人士

1947年春，根据中共南路特派员吴有恒提出要"掀起大搞武装斗争"的决定，在下洋、前山等地大力整顿、发展游击小组。1947年4月23日，共产党员杨奕生、邓如大及陈定坤等人接到陈德盈传送的革命传单和布告，立即抄写复制，乘着前山圩演戏之机把布告传单带入前山圩广为投递和张贴。这一系列革命行动引起了国民党徐闻当局的注意。

为镇压徐闻东区的革命活动，6月1日，陈桐派遣警察局局长易克和、警察中队长刘健率领刑警队和警察第二中队共40多人，兵分两路，"围剿"下洋、前山的共产党人。6月2日，易克和带领刑警队从曲界连夜赶到前山与乡兵会合；刘健连夜赶到锦囊乘船到外罗登岸，与后禄村暗杀队会合。3日早上，他们统一实施抓捕行动，先后在前山抓捕共产党员杨奕生、邓如大和革命青年杨绵受及社会进步人士蒋家兴、郑宋芝、苏文进、杨兆祥等

7 人；在下洋抓捕了共产党员林礼鑫和革命青年黄熙英、黄礼循、林大腾、张敬尤、凌云、谭秉裕、谭秉选、张彩星、陈光柳、陈月英、陈有葵、安家嫂、陈荣芳等14人；在柳尾岭抓捕了前山黄香春和梁堪进2人；在外罗抓捕革命教师吴一平、许妃权及边坡村张敬勋等3人；在曲界抓捕共产党员陈世增和革命青年陈国昌2人。国民党反动派在这次行动中搜捕了共产党员和革命群众共28人。

3 日中午，共产党员杨奕生在下洋许甲路口被易克和部属开枪杀害，时年23岁。林大腾、黄熙英、邓如大、黄礼循、张敬尤、林礼鑫等6人也被剃头，准备杀害。后来，陈桐急来密电要求"所有扣押人犯，要一个不减押送县城处理"。然而被扣押人员送往县城之前，以张其浩为首的国民党地方武装连夜组织人员，伪装抢劫被押人员，埋伏在从下洋往曲界镇所必经的流车溪旁边油茶林里，企图杀害押送往县城的革命者，然后嫁祸于共产党。当晚，由于押送人员一出下洋圩即改道锦和再转到曲界，使张其浩的暗杀计划落空。

4 日，26名被捕人员被押送县城并关禁在国民党徐闻县警察局监狱里。由于班房拥挤不堪，5日早上，被捕人员向国民党警察局要求调换到大监房。中午，为促成调监请求，全体被捕人员开始绝食。6日上午10时许，被捕人员继续坚持绝食斗争，警察局只好准许调监。随后，邓如大、吴一平、黄熙英和谭秉裕等人被投入重刑或死刑监房；林礼鑫、陈世增等人被投入一般徒刑监房；林大腾、郑宋芝、杨兆祥、蒋家兴等人被投入其他监房。9日，国民党警察局开始释放部分人员，林大腾、郑宋芝、杨兆祥和蒋家兴等4人第一批被释放，其余人员在监房待审。

16 日，警察局开始审讯被捕人员。由于吴一平在被押解途中试图逃跑未果，被当作重点对象第一个提审。接着被提审的是谭秉选和谭秉裕等人。在审讯过程中，为了从吴一平、谭秉选等人口中得到徐闻党组织的秘密，国民党反动派软硬兼施、威逼引诱，施用了惨无人道的电击、插铁签、灌辣椒水等酷刑。吴一平、谭秉选等人，虽受尽严刑拷打，却不为酷刑所屈服，仍保持高昂的革命气节，宁死不屈，严守党的秘密。国民党反动派无计可施，只好把从外地到徐闻工作的革命者吴一平、陈世增、陈国昌和陈荣芳等人释放并驱逐出徐闻县境。

在国民党施行搜捕行动的第二天夜晚，中共徐闻组织联络员陈德盈在下洋边坡村召开紧急会议，研究营救狱中同志的方案。会议拟定了几项营救措施：一是广泛发动各阶层民主人士和群众，大造舆论，谴责陈桐政府残害知识青年的暴行，要求释放被捕人员；二是通过各种关系和渠道，动员商界和国民党军政进步人士，保释被捕人员；三是准备武装劫狱；四是撤退人员和转移交通联络站点，将外罗、湖仔、金钱埚、边坡等联络站点和联络人员，作全面的更换和调整。

根据边坡会议的决定，徐闻共产党人和革命者在广大群众，特别是在社会各界开明人士中大造舆论，组织开展保释被捕人员活动。陈桐反动政府倒行逆施，激起了人民群众及工商界人士的极大义愤。不久，下洋、曲界、锦囊、和安等地的知名人士及商号老板们纷纷向国民党徐闻县政府提出抗议，要求无条件释放被捕人员。根据陈德盈的安排，陈定坤与刚刚获释的陈世增等人在县城积极联络商会会长何仲权及各大商号老板，开展保释被捕人员活动。此时，革命者还试图通过从监狱底下挖洞越狱或武装劫狱等方式营救，但因狱警巡查严密，加强防控，无法实施。

这时，陈德盈安排开明人士苏兆麟在湛江霞山区信隆行与郑树柏、杨云祥等会合，致力开展民主斗争活动。他们以"徐闻县旅湛同乡会"的名义，发动徐闻籍商人、学生、群众在一幅大红布上集中签名，向国民党湛江有关单位及军政人员控告陈桐的罪恶行径，要求制止国民党徐闻当局肆意捕杀无辜知识青年的暴行，无条件释放被捕人员。经筹划，苏兆麟、郑树柏、黄武等人在湛江组织了 70 多人，与从徐闻下洋后村、边坡等村赶去的 30 多人一起，在湛江赤坎南桥进行游行请愿。在游行队伍前面，陈文益和杨云祥扛着写有要求国民党徐闻县县长陈桐下台的横额，其余人手挥舞写有要求无条件释放被捕人员标语的三角小旗。他们把请愿状陆续送到国民党粤桂南第八行政公署、粤桂南"清剿"指挥部、粤桂南中级法院等单位，其状词内容主要是控告陈桐统治徐闻的十大罪状：一是无故屠杀无辜青年杨奕生。二是独裁专政滥捕无辜青年。三是私通敌伪秘密订立分区自治互不侵犯条约。四是贪污盟军飞机遗物及救济物资。五是组织流氓打手抢掠群众财产使群众无家可归。六是侵吞社会捐献的抗日机枪弹药款。七是侵吞抗战经费发国难财。八是庇护包烟包赌包娼流毒地方。九是违背国民党中央免征 1994 年、1945 年田赋政策，明令逼民卖田纳粮。十是摧残教育实施愚民政策。

在请愿过程中，国民党粤桂南第八行署专员董煜、粤桂南中级法院院长刘候武、粤桂南"清剿"司令陈沛等人均接见了请愿队伍，并应承电告陈桐释放被扣押者。接着，国民党湛江有关单位及军政人员分别在霞山京华酒店和赤坎南华酒店召开记者招待会。随后，《南商报》《大光报》等报刊发表了控告陈桐统治徐闻的十大罪状及评论文章，在政治上与舆论上给国民党徐闻县政府施加压力。

这段时间，在广州的郑振葵、余国智等人也以"徐闻旅穗同乡会"的名义，组织徐闻籍学生和商人共 50 多人发起游行请愿活动，控告陈桐在徐闻的暴行。游行请愿队伍在广州市中央公园（今人民公园）集中，向国民党广东省法院及国民党广东省主席薛岳、两广行辕主任张发奎和刚到达广州市的国民党行政院长宋子文等人请愿，其状词内容与湛江类似。薛岳、张发奎本人及宋子文的秘书接见了请愿队伍。接着，国民党广州有关单位及军政人员召开了记者茶话会。随后，广州各报刊登了控告陈桐统治徐闻的十大罪状。《前锋报》记者马占南就此发表了评论文章，《香港春秋》月刊也转载了陈桐的十大罪状。陈桐在来自各方的巨大压力下，只好准许被捕人员保释。由于大家殚精竭虑、仗义执言，被捕的 28 名革命者，通过各种渠道争取解除保释，最终全部被宣告无罪释放。

三、集中武装力量反"扫荡"

1949 年 1 月 13 日，国民党反动武装为了追击粤桂边区人民解放军第二支队第八团，恢复徐闻东区瓦解的乡、保政权，其第一五三师第四五九团第三营会合徐闻县警察大队共 400 多人，在营长王子潘的带领下，开赴徐闻东区"扫荡"。

其间，国民党前山乡队和以陈家培为首的反动地方武装也纷纷出动，配合国民党正规部队的"扫荡"行动，在下洋、前山乡一带的革命村庄烧杀抢掠、无恶不作。1 月 16 日，国民党"扫荡"部队在下洋后村杀害游击小组组员林昌伍，打伤游击小组组员林昌根，滥杀无辜群众 70 多人，宰杀群众的耕牛、生猪不计其数，牛皮、猪内脏丢弃满地，一片狼藉。2 月 10 日，该团第三营士兵在下洋后村枪杀游击小组组员郑振盛，抢劫群众财物大批，令人发指，人人怨声载道。

中共徐闻县临时工委针对国民党反动派的疯狂"扫荡"，带领武装排采取"避实就虚、伺机打击"的策略，来个出其不意的反"扫荡"，使国民党军队始终无法发现武装排的行踪，处处扑空、出师无获。1 月 19 日，中共徐闻县临时工委负责人谭国强组织武装排 30 多人，在下洋乡流车溪旁高地伏击，集中武装力量扫荡国民党军队，敌军受挫后仓皇撤退。随后，武装排又与该团第三营一股兵力在龙塘乡相遇，但由于敌强我弱，武装排为避免不必要的损失，以保存实力，改变作战策略，主动避开了敌人。

1 月 17 日，当海康连活动到下洋乡内村园村宿营时，该团第三营悄悄包围了海康连，企图将海康连一举歼灭。海康连及时察觉，立即组织突围。敌军在内村园村口架起一挺机枪对海康连疯狂扫射，其目的是把海康连逼进村里，包围消灭。海康连架起枪尾筒炮，向敌人机枪掩体瞄准发射，仅用一枚炮弹就炸毁敌人的机枪，炸死一名连长和一名机枪手，给敌军一个迎头痛击，敌军一时阵脚大乱。海康连集中全部火力急攻敌军左翼，很快就打开缺口，冲出了包围圈。接着，海康连占领了村外的一个制高点，打退了敌军队的再次进攻。这次战斗，挫伤了国民党反动军队的有生力量，极大地震慑了国民党地方反动武装，下洋乡后禄村、桥头村的自卫队如丧家之犬，仓皇逃往徐闻县城。此战的胜利，极大地鼓舞了全体指战员巩固徐闻东区的信心。

1 月 23 日，第二支队党委在海康南部的大牛岭召开党委成员会议。会议总结了第八团南下徐海以来的工作和战斗情况，讨论了部队下一步的行动方针计划。会议正确分析了敌情和第八团坚持在徐海地区斗争的有利条件，认为第八团这时要是撤离徐海地区，国民党就会乘机全面恢复乡、保政权和反动武装，新开辟的游击区就会重新落入国民党手中，南下所取得的战果就难以巩固。因此，会议决定：一是第八团继续留在徐海地区活动，帮助地方党组织做好巩固新区工作；二是在活动中采取时分时合的办法，分散时以连为单位，必要时再集中活动；三是既要避免与强敌打消耗战，又要主动寻找战机打击分散孤立之敌，集小胜为大胜；四是要积极开展政治攻势，分化瓦解敌人。

根据大牛岭会议的决定，第八团海康连 100 多人在第二支队政治部副主任殷杰的带领下，于 1 月 24 日再次从海康县进入徐闻境内，帮助徐闻党组织开展武装斗争，粉碎国民党的"扫荡"，巩固徐闻东区。殷杰与谭国强等商量决定：海康连在徐闻县下洋、前山、徐城郊区等地区活动，牵制和迷惑国民党军队，配合八团的主力部队在海康各地转战，掩护徐闻武装排的活动；徐闻武装排熟悉地形，可从下洋、前山到锦囊、和安、胜利圩一带活动，发动群众，伺机打击国民党零散反动武装。战斗任务明确后，海康连和徐闻武装排立即按照预定方案分开行动。

第八团海康连进入徐闻东区以后，面对国民党第四五九团第三营等部队的疯狂"围剿"，骁勇善战，屡屡突破"围剿"，化险为夷，并多次狠狠地回击了国民党军队。海康连坚持贯彻粤桂边区人民解放军第二支队党委的战略决策，紧紧地牵制了国民党的主要兵力，有力地抗击了国民党反动军队的"扫荡"，有效地掩护了徐闻武装排的活动，为巩固徐闻东部革命游击区作出了重大的贡献。

1 月 28 日，海康连刚到前山乡曹家村，国民党徐闻县警察中队就会合前山乡队 100 多人，向海康连发起突然袭击。海康连奋起还击，与国民党军展开肉搏战，毙敌 7 人，俘虏敌 5 人，缴获步枪 62 支、子弹及军用品一批。这次激战，海康连指导员郑文光英勇受伤，支队警卫员陈心怀光荣牺牲。战后，国民党前山乡队溃散，乡队长何永升等人逃往徐闻县城。

徐闻县武装排自从与海康连分开行动后，经锦囊乡的东山、龙群村转到田北、那楚两村。他们沿途打击了一些国民党乡队的残余武装，在到达下洋胜利圩时处决了一名国民党反动税务人员。

2 月 10 日，徐闻县武装排在下洋乡黄塘和后村进行扩编，林昌色、黄振士、黄垂华等 10 多名革命青年入伍。至此，徐闻县武装排发展到 60 多人。当天，武装排再次回到下洋乡那屋村与海康连会合。他们根据进步人士何世蔼、谭国栋所提供的可靠情报，连夜包围了前山村，武装排逮捕了国民党前山村保长何永墨等 5 人，在该村三个地点，挖出了国民党前山乡队埋藏的步枪 55 支、子弹和其他军用品一批，加强了徐闻县武装排的武器装备。

2 月 12 日（农历正月十五），国民党第四五九团王子潘营及徐闻县警察大队共 400 多人，计划到下洋乡后桥村进行"扫荡"。中共徐闻县临时工委针对后桥路段路面狭窄多弯，四周山林茂密，地形非常适合打伏击战的特点，抓住有利时机，派遣武装排排长王荣章带领战士 10 多人，迅速组织西尾湖、西尾、桐挖、坎下、墩尾、新村和弄坡等 10 多个村庄的村队近 1000 人，借着月光，埋伏在密林中，准备伏击国民党的"扫荡"队伍。夜 10 时许，当国民党军队进入伏击圈后，武装排和村队一齐开枪、呐喊、吹螺号、放鞭炮、敲锣打鼓，夹杂声音此起彼落。在武装排和各村队的协力打击下，国民党兵不明虚实，晕头转向，胡乱开枪，自相残杀。乘着国民党军混乱对打之时，武装排和各村队则按照原计划迅速撤离了伏击阵地。一个小时后，惊魂不定的国民党兵察觉到是自己人在互相残杀，便赶紧集合残兵败将，仓皇溃逃。这次伏击战，国民党军队死伤 20 多人，在慌乱撤退中沿途丢弃的子弹、手榴弹、衣帽、鞋子到处可见。当国民党军队逃到曲界圩时，天刚蒙蒙亮，但仍然不敢停留吃饭，一口气逃回徐闻县城。在后桥伏击战中，徐闻县武装排充分利用有利地形，并组织民兵参战，主动伏击国民党的"扫荡"军队，使国民党军惊慌失措，丢盔弃甲，狼狈不堪。徐闻县武装排以弱胜强的无畏作战精神，受到了中共雷州地委的通报表扬。

为配合反"扫荡"斗争，和安乡中队长麦侨彰等于 1 月中旬在龙群村镇压了国民党龙群保长蔡明杨。2 月 2 日，麦侨彰等与国民党和安乡乡长蔡道三谈判，开展政治攻势。几天后，国民党和安乡政府缴械投降，和安乡大部分村庄得到控制。

由于第八团海康连、徐闻县武装排、各游击小组和村队等人民武装力量的紧密配合和英勇作战，国民党徐闻当局企图通过以第四五九团第三营及警察大队等部的"扫荡"来恢复其东区乡保政权的计划彻底破灭，徐闻东区革命游击区得到了进一步的巩固。

四、二支八团攻克徐城

1949年2月中旬，第八团分散在海康县和徐闻县活动一段时间后，第二支队党委预见到国民党会集中兵力在海康县"围剿"第八团，就决定调遣第八团在海康县活动的第一、三、八连再次南下，与已经在徐闻县作战的海康连会合，伺机合力打击国民党军队，以扩大战果。

2月20日，为了迷惑敌人，第八团的主力部队在英利圩主动袭击国民党反动军队后，团长郑世英带领部队迅速向嘉山岭方向转移，绕道嘉山岭南麓的潭斗，经流沙转入徐闻县。当第八团的主力部队一进入徐闻境内与海康连会合时，徐闻的国民党军队接到了海康方面的消息，就立即纠集第一五三师第四五九团第三营和警察大队、警察局刑警队以及各乡队等国民党反动武装共700多人倾巢出动，排布在徐闻城北头铺一带，企图与第八团进行大规模决战。

团长郑世英获悉后，决定乘机攻占徐闻县城。县城是徐闻国民党的心脏，若能攻占县城，整个革命斗争局势将会迅速好转。2月25日下午4时，第二支队集中第八团全部兵力和徐闻部分地方革命武装共400多人，从头铺西边迂回突进，巧妙避开了国民党的主力部队，直取徐闻县城。县城内的国民党守军毫无防备，县长廖国彦及警察局局长陈天和惊慌失措，带领警卫队伪装逃出县城，躲进城西的潘宅村。在进攻徐闻县城时，第八团迅速包围了国民党警察局，警察局的守军负隅顽抗，第八团便集中火力摧毁警察局门前的两座碉堡，攻陷了警察局，俘虏了国民党守军，并打开监狱，解救革命者和群众。陈理祥、郑日民等革命者和群众共 151 人获救出狱。攻占徐城后，第八团战士对群众秋毫不犯，在城内积极宣传共产党的工商、统战和对待民主人士的各项政策，深受群众及工商业者的拥戴。第八团首次攻克徐城，虽然在军事上交战规模不大，但在战略、战术运用上影响深远。一方面，他们采取了避实就虚的战术沉重地打击了徐闻国民党反动阵营的心脏，加快了反动力量的分化瓦解；另一方面，显示了人民军队的强大战斗力，极大地鼓舞了广大革命群众尤其是徐中区的革命青年，许多热血青年踊跃加入了革命队伍。

当夜，国民党军队陆续集中于徐城郊西的潘宅村。为夺回被第八团占领的徐城，国民党徐闻县警察大队第二中队 100 多人，从广府会馆向第八团发起进攻，并策划若进攻顺利，第一中队就从潘宅村方向予以增援。第二中队接到命令后，为了保存自己的实力，在进攻的过程中向徐城方向胡乱地放了几轮枪，便草草收兵，交差了事。当夜，由于对第八团的情况不明，国民党军队不敢再冒险出兵。

26 日上午，第八团主动撤离徐城，向徐闻东区方向进军，开展群众工作。随后，转下桥、英利向徐闻西部进军，横扫国民党徐闻西区的乡、保政权。2 月下旬，第二支队党委在徐闻西区青桐村，召开了南下徐海后的第三次党委会议。会议对徐闻党组织下一步应如何开展建党建政工作和发展武装力量等问题作了安排。此次会议对于徐闻县的各项工作的开展具有重要的指导意义。3 月底，国民党第四五九团第一、第二营从湛江赶赴海康县城，并准备南下徐闻县会合其第三营，围击第八团和"扫荡"徐闻革命游击区。第八团由于组织严密，部署到位，对牵制国民党军队以减轻徐闻解放区与游击区的压力，为徐闻全面解放提供有力保障。

五、国民党政权崩溃，徐闻宣告全面解放

1949 年 8 月底，徐闻县东部、北部地区基本受人民武装力量控制。9 月 1 日，人民解放军粤桂边纵队第二支队第四团和第六团二营解放龙塘。9 月上旬，第二支队第六团二营挺进北区，徐闻北区宣告解放。至 9 月中旬，徐城外围的国民党武装基本被扫清。10 月 18 日，国民党徐闻县后任县长周万邦感到大势已去，政权摇摇欲坠，惊慌失措，逃往海南岛，只留下保安营一个新编连 100 多人守城。10 月 20 日，粤桂边纵六团二营和徐闻县乡各武装部队 700 多人，在第六团政委方野和营长李世英等率领下包围了徐闻县城，并歼灭了国民党守城部队的大部分武装人员。

1949 年 10 月 22 日下午 1 时，守城残余的国民党武装乖乖缴械投降。国民党徐闻县反动统治结束，政权彻底崩溃。五星红旗在登云塔顶升起，徐闻宣告全面解放，红色政权正式建立。

徐闻人民获得了解放，当家做了主人，徐闻历史从此揭开了崭新的一页。

第五章

无私支援　解放海南

接受任务　勇于担当

一、加强领导，成立机构

1949 年 10 月初，中国人民解放军第四野战军第十五兵团和第二野战军第四兵团长驱直下湘南、粤、赣地区。在人民解放军的强大攻势下，国民党广东省政府主席薛岳等率领残余武装纷纷溃退到海南岛。

同年 12 月 1 日，为加强海南岛的军事防御，蒋介石撤销了国民党海南警备司令部，成立海南防卫总司令部，由薛岳取代原警备司令陈济棠，出任防卫总司令，统一指挥岛上部队。当时国民党在海南岛的兵力有陆军 5 个军 19 个师 73 个团，海军第三舰队有大小舰艇 50 多艘，空军 1 个飞行大队有飞机 45 架，加上保安队，总兵力约 10 万。薛岳上任后，立即着手整编部队，调整防御部署，加紧构筑工事，企图建起一道以陆海空军共同防卫的所谓"伯陵防线"（薛岳字伯陵），并吹嘘其防线固若金汤，是"东方的马其诺防线"，妄图凭借琼州海峡天险，长期固守海南岛，阻止解放军进攻。而海南岛上有共产党领导的武装，主要是琼崖纵队加上地方游击队约 2 万人，是解放海南的内应力量。

国民党反动派若长期盘踞海南岛，将极大地影响华南地区政治安定和经济的恢复发展。因此，解放海南岛迫在眉睫，势在必行。根据中央军委的决策和毛泽东关于争取在 1950 年"春夏之交解决海南岛的问题"的指示，中国人民解放军第四十军、四十三军两个加强炮兵团及工兵一部约 10 万兵力组成渡海作战兵团，由第四野战军第十五兵团统一指挥，于 1949 年 12 月下旬，挥师雷州半岛，担任解放海南岛的光荣任务。

徐闻县与海南岛隔海相望，相距 18 海里，是解放海南战役的前哨阵地。1949 年 11 月，人民解放军第四十三军第一二七师政治部民运科副科长兼工作队队长向真率领 34 人的先头部队抵达徐闻县白龙乡，配合地方筹集粮草。12 月下旬，第四十三军第一二七师和第四十军第一一八师挥师南下抵达徐闻后，分别进驻东部沿海的博赊港、西部沿海的灯楼角等地。第一二七师师部驻白龙乡下海村；第一一八师师部驻徐城后迁驻迈西乡新地村。人民解放军渡海作战先头部队两个师共 2 万多名指战员在徐闻集结后，受到徐闻人民热烈欢迎。为了加强解放海南岛支前领导，徐闻县委、县政府成立了相应的组织机构。

1949 年 12 月，徐闻县成立了支前司令部，县委书记、县长谭国强任司令员，县委委员、宣传部部长李超儒任政委。1950 年 2 月，中共南路地委认为谭国强负责全县全面工作，对于解放海南岛支前工作必须配备一名副职领导担当，因此改任粤桂边纵第二支队第六团政委方野为徐闻县支前司令部司令员（兼副县长），政委仍由李超儒担任。支前司令部设交通、财粮、民工、总务、秘书等 5 个科。同时，在徐闻东、西区也分别设立支前司令部。东区支前司令部司令员吴友廉，政委郑质光，参谋长邓如大；西区支前司令部司令员陈德盈，政委陈栋，参谋长王振。沿海各乡镇均设立支前指挥所，村设支前指挥员 1 人。县还组建了民工团，由副县长赖再德任团长，县委委员郑质光任政委，下辖 5 个民工营，主要负责修筑道路和运送军需。在和安港、外罗港、北石港、挖仔港、博赊港、白沙港、三塘港、新地港、包西港、大井港、英斐港等 11 个港口设立港口管理处，由地方和部队双重领导。

为了进一步做好征集船只和动员船工的工作，县支前司令部还在各沿海港口设立船只工作科和船只改装厂、修理厂及机训大队等机构。此外，县委、县政府迅速抽调机关干部和基层积极分子，与部队人员共同组成一支 200 多人的支前工作队，深入各地农村、渔港、街道，宣传、组织和发动群众参加支前。仅有 15 万人口的徐闻县，先后动员了民工 10.7 万多人次参加支前行列。

二、全民动员，修筑公路

徐闻解放时，原始森林茂密，境内交通十分闭塞，加上地势连绵起伏，绝大部分地区的土质属红壤土，黏性大，如遇雨天，道路泥泞，难以通行，给部队的交通运输带来很大困难。因此，修筑公路，成为当务之急。全县先后组织了修路民工 5 万多人，几乎每户都有民工，有的农户全家都参加了民工队伍。在民工团的统一组织下，广大民工夜以继日地修筑公路，在短短的两个月内，修筑了公路 20 多条，长达 380 多千米，全县的主要港口和沿海地区初步形成交通网络。尤其是长达 41 千米的英利至海安路段，投入人工 29625 人（次），仅用 13 天就完成道路修复工程，为部队的作战行动创造了良好的交通条件。民工除了修筑公路外，还架设电线，修筑桥梁，抢运弹药、粮草等。南安乡迈熟村动员民工出动 20 多辆牛车到英利圩为部队抢运子弹。两天往返 70 多千米，顺利地完成了抢运任务，受到部队的赞扬。支前期间，全县共征用牛车 27066 辆（次），及时地解决了支前物资的运输问题。

三、征集船只，招募船工

渡海作战，必须依赖船只。根据当时的条件，运送部队只能以木帆船为主，舵手主要靠渔民船工。因此，征集船只，招募船工，是解决渡海作战的首要问题。在解放海南战役准备阶段，中共中央高度重视，指示"要准备一次渡过足够兵力的船只"。华南分局在《关于支援海南岛作战的决定》中强调"迅速筹集大量船只、船工是取得胜利的保证"。为此，各级支前司令部把征集船只、招募船工舵手视为工作重中之重，抓好抓实，依时完成任务。

国民党反动军队逃离大陆前，把渔民的船只或掠走，或烧毁，不给人民解放军留下渡海的工具。船是渔民的命根子，有的渔民开始并不肯轻易地把他们赖以生产、生存的船只贡献出来。加上在徐闻的沿海港口与渔村，几乎天天遭受敌舰、敌机的炮击和轰炸，渔民不敢出海，国民党特务还从中造谣，混淆视听，恶意破坏船只征集工作。因此，很多渔民不明真相，有的把船只收藏起来，有的回避支前工作队深入沿海港口渔村。工作队员们挨家逐户进行宣传发动群众，大讲渡海作战的重要意义，大讲支援解放海南战役的神圣职责。就在那段时间，徐闻沿海渔船几乎天天都遭到海上巡视的敌舰撞沉，时有开枪向渔船扫射，渔民担惊受怕，不再出海捕鱼。后来，大部分人民群众意识到，海南一天不解放，民不宁日，后患无穷，不但给海南人民带来灾难，而且对徐闻威胁可想而知。渔民从恐惧敌人转变为仇恨敌人，积极响应党和政府的号召，纷纷把收藏的渔船交给政府作为渡海作战交通工具，有的还踊跃报名支前及参加渡海作战。

在征集船只、招募船工的过程中，涌现出无数的感人事迹。外罗港"疍家"杨进材一家积极响应政府的号召，献出两艘拖网船，而且杨进材和他的大儿子杨吉昌、四儿子杨四来、五儿子杨正祥、女儿杨抗美等一家 5 人应征为渡海作战船工。特别是杨抗美，巾帼不让须眉，年轻的她看到雄赳赳的解放军云集渔港，看到自己的亲人都加入了船工的行列，便按捺不住激动的心情也想当船工。她串联了平时要好的姐妹杨红兰、东海姐、南海姐和硇州妹共5人，不顾家人的强烈反对，从外罗港步行50多千米到白龙乡博赊港，直接参加了部队海练，准备与解放军一起渡海作战。渔家姑娘支援渡海作战的事迹为徐闻人民的支前工作增添了风采。南安乡芒海村的梁老汉患严重风湿病，行走不便。他有两个儿子都已应征上船了，他的家人用门板抬他上船。解放军指战员见他年老有病，劝他不要去，他拍着胸膛说："莫看我的脚不好，可我的手还行，掌舵用手而不是用脚。论掌舵的本领还是我行，别看我在岸上是一条虫，在海里却是一条龙！"战士们拗不过他，只好让他上船。迈西乡新地村村民回忆起在国民党反动派残酷统治下所遭受的土地被占、房屋被烧、妻子被侮辱、丈夫被拉夫、兄弟被枪杀、耕牛被屠宰等苦难，激发了对国民党反动派的仇恨，全村70名船工舵手全部报名参加支前，并积极要求参加渡海作战。放坡村妇女福家姆积极支持丈夫和儿子参加渡海作战。她说："如果我儿战死了，全村人的儿子都是我儿子。"该村妇女梁氏将独生子林望炳送到支前船工队伍，后林望炳连续两次参加偷渡，表现出色，荣立大功两次，小功三次，并被评为"渡海一等功臣"。下洋乡黄塘村妇女会会长陈丽文不仅动员家翁和丈夫一起报名支前，还组织全村妇女送行10多千米，送船工到白龙乡北腊港，船工受到极大的鼓舞，纷纷表示坚决完成任务。经深入发动，战前徐闻县共征集船只486艘，招募船工舵手1519人。

四、捐献粮草，确保军需

兵马未动，粮草先行。在解放军未到之时，徐闻县很快就筹集了粮食375万斤，以及肉猪、羊、番薯、花生、甘蔗、红糖和黑豆等大批食品。各村庄还囤积了大量的马料、柴草，随时供应军需。

解放军抵达徐闻后，徐闻人民又掀起了全县性的捐献高潮。刚刚解放的徐闻，物质十分贫乏，人民的生活还非常困苦，但为了早日解放海南岛，徐闻人民热烈响应党和政府的号召，积极捐献财物支援部队作战。东部地区群众以杂粮、野菜充饥，却把大米捐献给部队；西部地区群众长期以番薯为主食，他们把番薯、番薯干捐献出来，自己再另想办法。广大人民群众有钱献钱，有物出物，捐献的物品以金、银、货币、稻谷、竹木和柴草为主。此外，还有猪、羊、鸡、鹅、鸭等家禽家畜和番薯、木瓜、黄豆、花生、甘蔗、红糖等。很多群众拆下门板送给解放军指战员当床铺，千方百计解决指战员的住宿问题。全县人民竞相捐献的感人事迹随处可见。前山乡羌园村福田婶把一头大水牛卖掉，将卖牛的银圆全部捐献。南安乡地处沿海，历来缺少柴草，为了确保驻在该乡的400多名指战员的烧柴需要，该乡群众赶着牛车到20多千米外的东部深山里拾柴。南安乡迈熟村70多岁的洪家田大妈抚养两个孙子，生活很困难，但她带头捐献出50斤大米。在她的带动下，全村献出大米5000多斤。下洋乡枝仔村妇女会干部赵国荣发动全村妇女，捐献大米3000多斤，砍柴70多牛车，割草6万多斤。附城镇党总支发出"凡属附城范围内的牛车都要到深山运柴支援部队"的通知，群众连夜出动牛车800多辆，到20多千米外的深山密林中砍柴。次日，当满载柴草的牛车队返经大水桥时，遭到国民党飞机的轰炸，耕牛被炸死炸伤数头，幸无人员伤亡。徐闻人民积极支前的热忱，不仅解决了部队物质上的困难，而且使解放军指战员们在精神上受到了巨大的鼓舞。

徐闻人民在支援解放海南战役中，共捐献粮食441万斤、马料100多万斤、柴315万斤、银圆4万多块、木板6万多块，还有铜、铁钉、电线杆等物资一大批。其中，白龙乡居于全县之首，捐献大米 87 万斤、柴 82.6 万斤、草 14.2 万斤；仙曲乡捐献谷 71 万多斤、柴 25.6 万斤、草 4.3 万斤；南安乡捐献大米 42.7 万斤、柴 72 万斤、草 27.8 万斤；附城镇捐献谷 38.8 万斤、柴 41 万斤；前山乡捐献谷 38.2 万斤、柴 42 万斤、草 6.7 万斤；石桥乡捐献谷 49.5 万斤、柴 7.8 万斤；锦和乡捐献谷 44.3 万斤、柴 25.6 万斤、草 4.3 万斤；下洋乡捐献谷 29.1 万斤、柴 11.5 万斤、草 1.5 万斤；迈西乡捐献番薯等杂粮 40.2 万斤、柴 72 万斤、草 37 万斤。

五、协助海练，培训舵手

开展海上练兵，培养更多的船工舵手，以适应海上作战，是夺取解放海南岛战役胜利的重要保证。渡海作战兵团的将士，绝大多数从未见过茫茫大海。要使这样一支对大海完全陌生的陆军在短期内适应海上行动，学会游泳、掌舵驾船渡海作战，是一项十分艰难的任务。因此，第十五兵团提出"把陆军相应地变为海军"的口号，决定采取先昼后夜、先近后远、先单船后多船联合操练的方法，广泛地开展海上大练兵运动。徐闻船工舵手们以解放海南为己任，冒着敌机、敌舰的轰炸和炮击，不顾生命危险，与解放军指战员同舟共济开展海练。

海练首先必须解决晕船问题。刚开始时，解放军指战员们一上船就受不了海浪起伏，船只颠簸，一个个晕头转向，七扭八歪，接着就呕吐不止，下船后，身子还轻飘飘的，走起路来就像是踩在棉花包上。为了尽快解决指战员们晕船的难题，徐闻船工舵手们除了协助指战员们航海练习之外，还想出很多办法让指战员们在陆地上苦练加巧练。比如让指战员们通过荡秋千、练倒立、翻跟斗、走浪木、转迷螺、踩跷跷板等方法，使身体能够迅速适应颠簸。在船工舵手们的悉心指导下，指战员们以顽强的毅力，通过海练加旱练，很快就克服了晕船这道难关。

其次就是让指战员们学会自己驾驶船只。驾驶船只比较复杂，渔民要想学会熟练地驾驶船只，一般需几年工夫，可指战员们等不得，非速成不可。因此，经验丰富的船工舵手们废寝忘食、不分昼夜地指导指战员们练习驾船的本领。指战员互帮互学、轮流上岗、争分夺秒地进行船只驾驶的实际操作。为了进一步鼓励船工和指战员海练的积极性，支前工作队员坚持分期分批参加海上练兵活动，县支前司令部司令员方野等领导也经常与指战员们一起海练。

在海练中，指战员们由于操作生疏，驾船训练时常常出现船只互相碰撞、触礁、搁浅和指战员落水等事故，船工舵手们舍生忘死尽力抢救。在敌机轰炸、扫射面前，指战员们则舍身掩护船工的安全。迈西乡新地村舵手樊奇，在海练时遭到敌机的袭击，头部受伤，鲜血直流，指战员们为他包扎好后，劝他休息，但他不顾伤痛，坚持掌舵，继续训练。新寮岛舵手李富卿在一次指导指战员撑舵练习中，由于风浪大，指战员控制不住船只，眼看就要触礁，李富卿不顾个人安危，纵身跳下大海全力将船头顶开，排除了险情。1950年2月下旬，一一八师三五二团在南岭一带海面进行海练的船队遭到国民党军舰突然袭击，船队被冲散，三塘村的一只木船被敌舰穷追不舍，船上指战员用步枪奋起抗击，终因寡不敌众，吕明华、王妃裕等4名船工光荣牺牲，戴妃琼、林广东、邱章林等3名船工及15名解放军指战员不幸被俘，后被国民党押到海口市杀害。白龙乡麻湖村船工林鸿合在外罗港海练时，船只被国民党飞机炸毁，但他毫不畏惧，又到挖仔港协助海练，他驾驶的船只又遭国民党飞机炸毁，敌人的接连轰炸，更加激发了他对国民党反动派的无比仇恨，他毅然参加了渡海作战。迈西乡放坡村舵手林望炳在指导解放军指战员训练的过程中不厌其烦、有问必答，教会了 5 名指战员当上舵手。在一次海练中，由于风浪过大，林望炳被舵把打昏，醒来后继续掌舵坚持海练。在海练的实践中，广大指战员英勇顽强、不怕牺牲、勤学苦练，很快熟习了水性，逐步掌握了拉帆、掌舵、用风、看水道、探水、提放分水板、撑杆、划桨、下锚、拐弯、靠岸等基本航海技术，练就了海上作战的本领。在短短的两个多月内，在船工舵手们的耐心帮助下，共训练出一万多名能适应海战的指战员，对解放海南岛渡海作战起到了决定性的作用。

同舟共济　浴血奋战

一、第一批二次偷渡

1950 年 2 月 1 日，广东军区司令员叶剑英执行毛泽东关于"沟通与琼崖纵队联系，加强策应工作"的指示，在广州主持召开了解放海南战役的作战会议（也称"二月会议"），确定了"积极分批偷渡与最后强行登陆相结合"的登陆作战指导方针。随后，渡海作战部队进行紧张而周密的准备，从 1950 年 3 月上旬开始组织分批偷渡，与琼崖纵队配合共同打击敌人，彻底改变岛上之敌我态势，而后实行里应外合，最后发起战役总进攻，以在春夏之交谷雨前后务必解决海南岛的问题。

根据叶剑英司令员的指示精神，徐闻县委、县政府及徐闻县支前司令部全力积极配合部队在渔港码头调兵遣将，厉兵秣马。解放军指战员、船工严阵以待。

早在 1950 年 1 月，徐闻县委、县政府已派遣武装骨干杨运珠、苏周才、黎仕悦等人护送部队侦察兵，携带电台渡过琼州海峡进行航线侦察。随后，他们多次为第四十三军第一二七师的侦察分队当向导，从徐闻博赊港启航往海南岛进行试探性偷渡，均获成功。

3 月 5 日 19 时，由第四十军第一一八师三五二团第一营 799 人组成的渡海先锋营，在该师参谋长苟在松和营长陈承康、教导员张仲先的率领下，分乘 13 艘木帆船，从角尾灯楼角启航，进行第一批首次偷渡。参加这次偷渡的有徐闻县放坡、许家寮、三塘、四塘等村的船工舵手等 80 人。午夜时分，船至中流，风平浪静，船行缓慢。这时，全体船工与指战员齐力划桨，没有船桨的，就用铁铲、木板，甚至用枪托和手掌划水，以加快船只前进速度。黎明时分，国民党巡逻飞机在船队上空飞过，偷渡部队便在船上挂起国民党旗，伪装为国民党的运输船队，迅速向海岸靠拢。国民党军队察觉后，立即加派飞机、军舰拦击。在敌机轰炸中，三塘村船工陈家炳不幸中弹牺牲，两名船工负伤。6 日 14 时，渡海先锋营在海南岛儋县白马井一带顺利登陆，与前来接应的琼崖纵队第一总队胜利会合。

3 月 10 日 13 时，由第四十三军第一二八师三八三团团长徐芳春率领的加强营 1007 人，分乘 21 艘木帆船，利用阴雨天，实施第一批第二次偷渡。11 日 9 时至午夜，偷渡部队先后抵达海南岛赤水港至铜鼓岭一带滩头，在琼崖纵队独立团的接应下成功登陆。

两个加强营的偷渡成功，对渡海作战起到了示范作用，也证明敌人环岛防御体系是可以击破的，具有海空优势的国民党军队并不可怕，广大指战员和船工从中受到了极大的鼓舞，打消了部分人对渡海作战的顾虑，从而使大家坚定了依靠木船渡海解放海南的信心。

二、第二批二次偷渡

人民解放军两个先锋营偷渡，并没有引起岛上国民党军队的特别注意。国民党军队继续以"围剿"琼崖纵队为主，其沿海防御兵力也没有明显加强。为了增援琼崖纵队，加强岛上的接应力量，第十五兵团司令员邓华又决定四十军、四十三军各以一个加强团的兵力，抓住海峡有利的气象条件继续实施第二批偷渡行动。3月26日，第四十军第一一八师三二五团和加强三五三团第二营共2991人组成的加强团，在该师政治部主任刘振华和琼崖纵队副司令员马白山的率领下，分乘木帆船72艘，机帆船9艘，从徐闻角尾灯楼角启航，实施第二批第一次偷渡。此次行动预先安排琼崖纵队第一总队和已上岛的渡海先锋营为接应部队。加强团计划在临高西北的罗棠、扶提、禾邓一带登陆。参加这次偷渡行动的徐闻船工共有400多名，其中参加第一批偷渡的角尾放坡村船工林望炳再次参加了行动。

当晚7时，船队按战斗编队启航直指海南岛。午夜11时许，风停雾大，潮水东流，船队无法保持战斗队形，只好各自划桨前进，有的船只与船队失去联络。至27日凌晨3时，国民党军舰发现了解放军的船队并开炮轰击。林望炳驾驶的6号船随解放军主力部队在海南大沥湾强行抢滩登陆，船上3名船工光荣牺牲。林望炳左脚负伤。角尾南岭村船工驾驶的船只进入大沥湾时，先头两艘船被击沉，船工和指战员大部分牺牲。其余船只强行登陆，但遭到敌军火力阻击，伤亡很大，陈芳清、邓连华等6名船工光荣牺牲。7时许，多数船只在澄迈县雷公岛至玉苞港一带登陆。登陆后，船工舵手们继续与解放军指战员一道并肩作战、追歼敌人。新地村船工赵作球虽然又饿又累，但他仍坚持背着一支掷弹筒紧随解放军追歼敌人。林望炳不顾左脚伤口的疼痛，坚持抬着伤员，带领40多名船工舵手，同掉队战士一起，突破国民党军队的层层封锁，终于与人民解放军主力部队汇合。

31日晚10时，第四十三军一二七师三七九团和三八一团第一营共3733人组成的加强团，在该师师长王东保、政委宋维栻、团长冯镜桥等率领下，分乘88艘船，从徐闻县白龙乡博赊港启航，实施第二批第二次偷渡。400多名徐闻、海康的船工舵手参加了这次偷渡。航渡中，船队遭到国民党海军"永宁号"军舰和两艘炮艇的阻击，"永宁号"倚仗其船坚壳硬横冲直撞。师长王东保沉着指挥 3 艘战船扑向敌舰。瞬间，机枪、手榴弹朝敌舰一齐开火。新寮岛舵手李富卿驾船运载第三七九团第一营第一连的指战员逼近敌舰，利用敌舰炮火射击死角与敌人展开近战。不久，敌"永宁号"舰受创冒烟，急忙发出求救信号，随后便与另两艘炮艇一起掉头逃跑。为了掩护主力部队顺利抢滩登陆，三七九团第三营第八、九连 100 多名指战员奉命担负追击敌舰的任务。

4 月 1 日凌晨，加强团主力在海口市东部的北创湾和塔市一带在国民党军队的炮火猛烈阻击下强行抢滩登陆。在抢滩登陆时，白龙乡舵手包振祥驾驶"护航队 3 号"船运载一二七师第三七九团第二营第四连 30 多人，遭敌军猛烈炮击，桅杆被炸断，包振祥身负重伤，仍双手紧握舵把，将船开抵陆岸，后因流血过多，壮烈牺牲。

凌晨 4 时许，加强团与接应的琼崖纵队及先期偷渡上岛的第三八三团加强营胜利会合。登陆后，船工舵手们继续配合解放军英勇作战。白龙乡麻湖村船工林鸿合等 4 人抬着负伤战士，坚持步行 3 天，顺利到达文昌县境内，找到了解放军主力部队。

同是 4 月 1 日凌晨，担负追击敌舰、掩护主力部队抢滩登陆的一二七师第三七九团第三营第八连连长冯开珠和第九连连长田长寿等 100 多名指战员，在团政治处组织股股长秦道生、第三营副营长王金昌和教导员葛尹元的带领下，分别乘坐白龙乡海仔村 30 多名船工所驾驶的 9 艘木船，奋勇追击国民党"永宁号"军舰和两艘小炮艇，与敌人展开激战。

由于追击敌舰和受海潮影响，第八连、九连误登上白沙门岛，登陆后消灭了国民党守军一个排，并占据了小岛。很快，国民党紧急出动陆、海、空部队对该岛实施重重封锁，并进行疯狂的立体围攻。敌人派出三个步兵团，从东、南、西三面包围小岛，同时进行炮击；海上有 10 艘兵舰，切断我军退路；空中有 4 架飞机轮番轰炸、扫射。敌人的炮弹、炸弹像暴雨般泻落在小岛上，密集的爆炸声响成一片。炮弹和炸弹把岛上的沙土翻了一遍又一遍，岛上火光滚滚、浓烟弥漫，弹片呼啸乱飞，弹丸大的小岛瞬间成为人间炼狱。解放军指战员没有工事可依托，没有地形地物可利用，只能从一个弹坑跳到另一个弹坑，以弹坑为掩体进行还击。身处绝境的解放军指战员视死如归、全力抗击强敌，他们浴血奋战了两昼夜，多次打退敌人的轮番进攻，直到打光最后一颗子弹。最后，那些弹尽粮绝、身负重伤的解放军指战员在团组织股股长秦道生率领下，毁掉枪支、拉响手榴弹与敌人同归于尽。

白沙门岛之战是整个解放海南战役中最悲壮、最惨烈的一场战斗。此战，歼灭了国民党军共 1000 多人。而解放军除了三营副营长王金昌、战士曹金城、船工杨景光等 8 人突围之外，其余的 100 多名指战员和 7 名徐闻船工全部壮烈牺牲。还有 9 名徐闻船工在突围中被俘后在海口市遇害。为纪念烈士们的丰功伟绩，中共海南区党委在海甸岛白沙门和海口市金牛岭公园分别修建了革命烈士纪念碑，碑上镌刻着在白沙门岛浴血奋战的全体烈士英名及他们的英雄事迹。

经过几次成功偷渡后，岛上解放军增加了将近一个师的兵力，为实施大规模登陆作战创造了极为有利的条件。因此，整个渡海作战的战役准备工作也已经就绪，大规模渡海登陆作战的时机已经成熟。

三、渡海登陆总进攻

3 月 28 日，中国人民解放军十五兵团在徐闻县召开了作战会议。会上，邓华司令员决定在谷雨前（即 4 月 20 日前）以两军主力实施大规模渡海登陆作战，在琼州海峡实施正面的强行登陆，与国民党军队主力进行决战，以求迅速解放海南岛。具体作战部署是：以四十三军两个团、四十军六个团为第一梯队，以四十三军三个团主力为第二梯队，分东西两路强行登陆。两个军的登陆地点以马袅港为分界线，以东属第四十三军，以西属第四十军。以琼崖纵队第一总队、第四十军前两批偷渡部队进至临高以北接应西路军登陆；琼崖纵队第三总队配合第四十三军第一二七师行动；另以一个团及独立团进至海口市东南地区迷惑牵制敌人；琼崖纵队第五总队在海头地区活动，钳制琼西之敌，阻止其北援。

4月16日晚7时30分，渡海总攻开始。担任渡海总攻第一梯队的第四十军六个团近2万名指战员，分乘245艘船只，在军长韩先楚、副军长解方率领下，从徐闻灯楼角一带启航。晚7时40分，第四十三军前线指挥部率领该军两个团约7000名指战员，分乘105艘船，在徐闻的东场港至港头港一带启航。数百名徐闻船工及支前工作队员参加了渡海总攻作战。晚11时许，国民党军队的飞机察觉解放军渡海总攻部队的行动，组织9艘大小军舰向解放军船队冲来，企图阻止解放军登陆。解放军战船齐向国民党军舰猛烈开火，打得国民党军舰不敢靠近木船，只好在远处向木船胡乱开炮。迈西乡新地船工莫乃连和陆君非面对敌舰的阻击，沉着应战，紧握船舵，冲过枪林弹雨，把解放军顺利运抵石尾港。战船靠岸时，有20多名指战员陷入泥潭，船工邓长鸿、姚世福、姚世竹立即跳入水中，及时将他们救起。17日3时30分至4时，渡海总攻部队第一梯队在海南临高角至博铺港和圣眼角至林诗港一带突破国民党军队的海岸防线强行登陆。登陆部队与岛上接应部队会合后，与敌激战，于23日上午8时解放了海口市。

23日晚7时30分，第二梯队第四十三军军部率领3个团，从徐闻的三塘、四塘、新地港一带启航。24日凌晨，在海南后海、天尾港、荣山厂一带顺利登陆。登陆后，第二梯队与岛上部队分东、中、西三路向南追歼逃敌。4月30日，人民解放军攻克了海南岛最南端的榆林港和西部的北黎港、八所港。至此，号称固若金汤的"伯陵防线"彻底土崩瓦解，5月1日海南岛宣告解放。

在解放海南战役中，国民党军5679人被击毙，24885人被俘虏，淹死1000多人，投降1584人。人民解放军缴获各种火炮418门，枪17209支。击沉国民党军舰1艘，击坏5艘。击落国民党军飞机2架，缴获4架。解放军伤亡共计4616人。

在整个海练和渡海作战过程中，徐闻县共损失船只297艘；船工舵手共有54人光荣牺牲，62人受伤致残。徐闻人民，特别是参战船工与解放军指战员同生死共患难、不惧险阻、浴血奋战，最终取得胜利。他们的名字将永远镌刻在解放海南岛战役的历史丰碑上。

四、庆祝胜利，授功表彰

为庆祝解放海南战役的伟大胜利，表彰在渡海作战和支前工作中有功人员，1950年5月26日，中国人民解放军十五兵团在徐城召开了庆功表彰大会。会上，第十五兵团分别给徐闻县委、县政府赠送了"解放海南　功在徐闻"和"有力支前　胜利保证"锦旗，对徐闻人民在解放海南战役中作出的有力支援和无私奉献给予充分肯定和高度赞赏。第四十三军政治部还给下洋乡赠送了一面题字为"支前靠山"的锦旗，同时还给白水塘村赠送"积极支持解放军　冒险抢救子弟兵"锦旗。大会表彰了在渡海作战和支前工作中表现突出、成绩显著的船工和工作队员。上级领导机关给徐闻船工和支前工作队员共150多人分别授予"渡海功臣""渡海英雄""支前模范"等光荣称号。被第四野战军授予"渡海英雄"称号的有船工杨特良等；被广东省人民政府授予

"渡海功臣"称号的船工有林望炳、王保立等。广东省人民政府追认在解放海南战役中牺牲的54名徐闻船工为革命烈士。

新寮岛船工李富卿在渡海作战中表现英勇，被授予"渡海作战英雄"光荣称号，他所驾驶的战船还被授予"李富卿英雄船"光荣称号，李富卿被中央军委授予"渡海作战功臣"称号，并于1950年9月25日光荣出席了全国战斗英雄、工农兵劳动模范代表大会，受到毛泽东等党和国家领导人的亲切接见。1951年春，"渡海功臣"林望炳光荣出席了广东省战斗英雄模范表彰大会。

开展善后工作　解决后顾之忧

一、抚恤优待，评估理赔

海南岛解放后，广东省人民政府于 1950 年 5 月 9 日举行第 18 次会议，决定成立广东省人民政府解放海南战役善后工作委员会，专门负责海南战役善后工作。随后，广东省解放海南战役善后工作委员会徐闻县分会成立，在全县范围内全面开展善后工作。

首先，及时发放抚恤金和生活补助金，解决参战船工、民工的生活困难问题。徐闻县自 1949 年底起开始支前，至 1950 年 5 月 1 日结束，整个支前工作历时 5 个多月，时间较长，参战船工的生产和生活都受到不同程度的影响，大部分人的生活比较困难。为解决参战船工的燃眉之急，县委、县政府按照参战船工的家庭人口和困难情况，分别给予补助大米和现金。一户参战船工、民工家庭一般补助大米几百斤，最多的有 2000 斤。对在渡海作战中牺牲的烈士家属和渡海模范、功臣，还按照《参战民工抚恤条例》给予抚恤和照顾。每逢过年过节，党和政府都给予慰问。全县享受政府救济的参战船工、民工共有 576 人；享受国家抚恤金共有 115 户（人），其中烈属 54 户，伤残船工、民工 62 人。1950 年至 1953 年期间，全县共发放抚恤救济金额达 7580 万元（旧币），粮食 10.5 万斤。

其次，适当赔偿因参战而毁坏的船只。船只是渔民赖以生存的生产资料，尤其是"疍家"渔民（"疍家"是指陆地上没有居住地方，长期在船上生活的渔民），他们世代以船为家，船只的全毁或部分损坏都直接影响着他们的生产和生活。有些船家、渔民虽然不是十分计较赔偿问题，但解放海南战役善后工作委员会徐闻县分会聘请有经验的造船木匠参与调查、评估，比较准确地摸清了被毁坏船只的大小、新旧、木质优劣等方面情况，根据每艘木船的大小、木质优劣和新旧程度等定出较为合理的赔偿标准。据调查统计，徐闻县因参战毁坏需要赔偿的船只共 297 艘，在1950 年 9 月之前，已经赔偿了全毁的 71 艘和部分损坏的 110 艘，其余的 100 多艘也逐步给予赔偿。渔民们得到赔偿后，立即着手建造新船或修理旧船，迅速恢复生产。

二、铭记船工，名留史册

解放海南岛战役，是一场残酷的战争。参加渡海作战的徐闻船工，绝大部分都是来自沿海村庄思想过硬、身强力壮、驾船技术娴熟的渔民。他们中有的是家庭的主要劳力、顶梁柱，上有老下有幼，有的甚至是还未结婚的十八九岁的小伙子。他们都是普普通通的船工，护送解放军渡海作战，与敌人打仗凶多吉少，谁都清楚要么活着回来，要么葬身大海。面临生与死的考验，他们没有退缩，没有躲避，而是选择舍生取义，选择义无反顾。

在渡海作战的硝烟炮火中，他们始终以顽强不屈的意志，在受敌阻击的琼州海峡逆行，兑现了渡海作战前"宁可前进一步死，决不后退半步生"的诺言。他们有的壮烈牺牲了，有的拖着伤残的身躯归来，党和人民没有忘记他们。对牺牲了的 54 名船工，党和政府除了追认为烈士外，还把他们的名字刻录在徐闻烈士纪念碑上，载入解放海南岛的史册。

参加渡海作战徐闻船工烈士英名录

姓名	籍贯	牺牲时间	因何牺牲
梁定国	角尾乡梁宅村	1950 年 1 月	海练
陈芳清	角尾乡南岭村	1950 年 3 月 27 日	参加加强团偷渡
邓连华	角尾乡南岭村	1950 年 3 月 27 日	参加加强团偷渡
邓连才	角尾乡南岭村	1950 年 3 月 27 日	参加加强团偷渡
梁有信	角尾乡南岭村	1950 年 3 月 27 日	参加加强团偷渡
张洪盛	角尾乡曾宅村	1950 年 3 月 27 日	参加加强团偷渡
陈廷业	角尾乡许家寮村	1950 年 3 月 27 日	参加加强团偷渡
陈俊豪	角尾乡许家寮村	1950 年 4 月	渡海作战
林德生	角尾乡北插寮村	1950 年 4 月	渡海作战
陈廷昌	角尾乡许家寮村	1950 年 3 月	渡海作战
邓连灼	角尾乡南岭村	1950 年 3 月	渡海作战
陈德祥	角尾乡上寮村	1950 年 3 月	渡海作战
叶希养	角尾乡放坡村	1950 年 3 月	渡海作战
邓信英	角尾乡南岭村	1950 年 3 月	渡海作战
陈芳兴	角尾乡南岭村	1950 年 3 月	渡海作战
高妃佑	和安镇佳吉村	1950 年 3 月	渡海作战
陈陆	和安镇尾龙村	1950 年 3 月	渡海作战
陈如泽	和安镇公港村	1950 年 3 月	渡海作战
陈万田	和安镇公港村	1950 年 3 月	渡海作战
邓章华	外罗镇外罗埠	1950 年 4 月	白沙门岛战斗被俘后在海口市遇害
杨来达	外罗镇外罗埠	1950 年 4 月	白沙门岛战斗被俘后在海口市遇害

（续表）

姓名	籍贯	牺牲时间	因何牺牲
杨妃六	外罗镇外罗埠	1950 年 4 月	白沙门岛战斗被俘后在海口市遇害
杨来尾	外罗镇外罗埠	1950 年 4 月	白沙门岛战斗被俘后在海口市遇害
杨绵来	前山镇山海村	1950 年 4 月	白沙门岛战斗被俘后在海口市遇害
邓大尊	前山镇邓宅村	1950 年 4 月	白沙门岛战斗被俘后在海口市遇害
陈广锐	前山镇邓宅村	1950 年 4 月	白沙门岛战斗被俘后在海口市遇害
王妃裕	五里乡三塘村	1950 年 3 月	南岭海练
吕明华	五里乡三塘村	1950 年 3 月	南岭海练
林广东	五里乡三塘村	1950 年 3 月	海练时被俘后在海口市遇害
戴妃琼	五里乡三塘村	1950 年 3 月	海练时被俘后在海口市遇害
陈家炳	五里乡三塘村	1950 年 3 月	参加渡海先锋营偷渡
林翁盛	五里乡西港村	1950 年 2 月	南岭海练
苏平春	五里乡南山村	1950 年 2 月	南岭海练
姚来发	海安镇海安埠	1950 年 4 月	白沙门岛战斗
陈堪养	海安镇海安埠	1950 年 4 月	白沙门岛战斗
姚堪权	海安镇水井村	1950 年 4 月	白沙门岛战斗
邓老给	海安镇水井村	1950 年 4 月	白沙门岛战斗
苏老呢	海安镇海安埠	1950 年 4 月	白沙门岛战斗
黄妃妹	海安镇海安埠	1950 年 4 月	白沙门岛战斗
姚堪效	海安镇城内村	1950 年 4 月	白沙门岛战斗
姚堪明	海安镇水井村	1950 年 4 月	白沙门岛战斗被俘后在海口市遇害
谭光佑	海安镇水井村	1950 年 4 月	白沙门岛战斗被俘后在海口市遇害

（续表）

姓名	籍贯	牺牲时间	因何牺牲
邱章林	城南乡张宅园村	1950 年 3 月	海练时被俘后在海口市遇害
黄保甫	新寮镇后海中村	1950 年 3 月	渡海作战
董盛太	新寮镇港六仔村	1950 年 4 月	渡海作战
邓兆芳	新寮镇塘边村	1950 年 4 月	渡海作战
陈国波	锦和镇六新村	1950 年 4 月	渡海作战
庞妃觉	锦和镇后宫村	1950 年 4 月	渡海作战
杨永玉	下洋镇后岭村	1950 年 3 月	登陆后铺前作战
包振祥	龙塘镇包宅村	1950 年 4 月	渡海作战
潘妃寿	迈陈镇坑头村	1950 年 4 月	渡海作战
劳绍纪	迈陈镇北海村	1950 年 4 月	渡海作战
邓梁兴	迈陈镇新地村	1950 年 4 月	渡海作战
邱德森	新寮镇烟楼村	1950 年 3 月	渡海作战

第六章

探索建设发展时期

第一节 清匪反霸 巩固人民民主政权

一、区、乡政权的建立

1949 年 10 月 22 日，徐城解放，县人民政府随即进驻县城，接管国民党政权，废除国民党政权的保甲制度，建立基层人民政权。加强党的组织建设，调整与设置各级政府机构。县以下设置 4 个区级人民政府，分管全县各乡人民政府，并增设下桥、青桐、石板等 3 个乡。8 月，撤区并乡，全县设置 9 个乡。11 月，设附城镇。1949 年底，全县共设 10 个乡（镇）人民政府。

中华人民共和国成立初期，徐闻县行政管理基本是区、乡并存，大体按县辖区、区辖乡、乡辖行政村、行政村辖若干个自然村的分级管理体制。1949 年 10 月至 1956 年 2 月，县内基层政权经历了 6 次较大的调整：1950 年 5 月，撤乡设区。按徐闻中部、东部、西部地域区划，设置一、二、三区人民政府。一区（附城）辖 13 个行政村，二区（曲界）辖 16 个行政村，三区（迈陈）辖 11 个行政村。1951 年增设四区（下桥）人民政府。1952 年 6 月增设五区（龙塘）人民政府。同年 8 月，撤销行政村，其行政事务由农民协会代管。

1952 年 12 月至 1953 年夏，先后成立了附城、迈陈 2 个镇人民政府和 74 个乡人民政府。同时，将区政府改为区公所，作为县政府的派出机构。一区辖附城镇和 13 个乡，二区辖 16 个乡，三区辖迈陈镇和23个乡，四区辖10个乡，五区辖12个乡。1953年8月，增设第六区（外罗）人民政府，辖外罗、锦等13个乡。

1956年2月，广东省人民政府决定，将原属海康县的新寮岛6个乡划属徐闻县，归第六区管辖。是年，全县共有96个乡（镇）人民政府。年底，撤销区级建制，将所辖96个乡（镇）合并为27个乡（镇）。

二、剿匪与镇压反革命

徐闻县解放后，残留的土匪、恶霸、特务、反动党团骨干分子以及反动会道门头子等反动势力，与盘踞台湾、海南的国民党反动派遥相呼应，妄图颠覆新生的人民政权，复辟其反动统治。他们或潜伏深山密林组成股匪抢劫、放火、暗杀干部群众，或隐瞒身份潜入政府机关团体内部破坏捣乱。当时恰逢基层政权机构调整，情况错综复杂。

1951年2月，《中华人民共和国惩治反革命条例》颁布后，徐闻县委及时发动全县党、政、军、民深入开展镇压反革命运动。镇反运动分三个步骤进行：一是组织武装力量清剿土匪。县建立了大众性情报网，对敌情进行侦察，并发动群众报敌情，抓土匪，捉特务。解放初期，徐闻县的残匪主要有5股，共200多人，集中藏匿于青桥乡的石板岭、迈西乡的磨猴山、仙曲乡的愚公楼等地深山密林，经常昼伏夜出，打死打伤干部、群众多人。1950年3月，土匪在二区（今曲界镇）调甸村杀害征粮工作队队员韩才光；6月，土匪在二区政府附近山林里将工作队队员张玉龙打死并吊在树上；7月，土匪在水尾桥西侧枪击征粮工作队队员吴启旋等。严重的匪情，对新生的人民政权和社会安定造成极大的威胁。1950年下半年，徐闻县委先后组织县公安局及民兵联合行动，同时配合二区驻军二十二团某营10次进山剿匪，消灭土匪5

股。匪首"西风培"在曲界田洋村被驻军二十二团围捕；匪首欧辉珠在龙塘镇前村附近被击毙；匪首陈宏良等 6 人在覃斗企山岭被活捉。一区芝麻园村村民配合农会捕捉土匪 3 名；三区尾仔村梁林之妻发现匪情，及时报告部队，活捉匪首谢文光。在剿匪战斗中共捕获匪徒 190 多名，缴获枪支弹药及军用物资一批。二是清理潜伏的反革命分子。徐闻县公安机关一方面发动群众检举揭发反革命分子，另一方面宣布党的宽大政策，动员反动党团骨干和国民党军、政、特人员登记自新。据调查掌握，全县有反动党团骨干和国民党军、政、特人员共 1079 人，其中特务和国民党军政潜伏人员 60 人，三青团区队以上人员 16 人，国民党区党部以上人员 64 人。人民政府对有悔改之意、诚恳接受改造的给予宽大处理，对顽固不化、与人民为敌的严惩不贷。为把运动引向深入，1951 年 11 月，徐闻县委在县城召开镇压反革命大会，依法处决一批反动、顽固不化的骨干分子。1953 年，全县对在押反革命分子 139 人分别实行依法管制。三是坚决取缔反动会道门。中华人民共和国成立前，徐闻的反动会道门主要有先天道、一贯道、同善社等 3 种，道徒共有 1854 人。他们利用各种封建迷信活动，造谣破坏，扰乱社会治安。为了维护社会秩序，1953 年 5 月，由县公安部门牵头重点查处反动会道门。全县共取缔和查封先天道堂 41 个、一贯道堂 7 个、同善社事务所 5 个；逮捕道首 9 名、小道首 27 名；缴获会道门证件 597 份、道具 2730 件、道旗 3 面，有效地打击了反动势力。

　　1951 年底，剿匪和镇压反革命运动基本结束。全县共缴获各种火炮 15 门、炮弹 3071 发、轻机枪 1 挺、长短枪 6755 支、子弹 75589 发以及其他军用物资一批。通过严厉打击各类反革命分子，基本上消灭了反革命残余势力，从而彻底平息了为害徐闻人民多年的匪患，保证了社会稳定和人民生命财产安全，巩固了新生的人民政权，确保社会主义革命和建设顺利进行。

第二节

开展土地改革运动

一、循序渐进，分阶段进行

新中国成立初期，广大农民迫切要求获得土地，希望实现耕者有其田。1950 年 6 月，中央人民政府颁布《中华人民共和国土地改革法》。徐闻县的土改运动在华南分局和粤西地委的统一部署下开始进行。1951 年 3 月，徐闻县成立了土地改革委员会（简称土委会）。此前，县委委员郑质光和县委宣传部部长李超儒分别带队参加遂溪及海康县的土改工作试点，学习经验。5 月，县土委会在一区竹山村举办土改骨干训练班。然后，分别在竹山、锦山两村先行搞试点，摸索经验。时任高雷地委书记刘田夫、地委常委李光宇率领土改工作队到一区石岭乡蹲点抓土改。6 月，县土委会共集中干部 500 多人（其中从广西、海南、海康县、南方大学及部队调来干部共 290 多人，加上南下干部 70 人和本县区乡干部 140 人）分别组成 20 个土改工作队，经培训后分批到全县 44 个行政村 996 个自然村开展土改运动。

土地改革是一场激烈而又复杂的社会革命。完成土改，成为中华人民共和国成立初期党面临的一项迫切而艰巨的革命任务。根据党中央和华南分局对土地改革的方针政策和提出一系列的明确规定，结合本地实际，徐闻县土改运动大致分三个阶段进行：

一是宣传发动阶段。从 1951 年 6 月起至 1952 年 7 月。主要开展"清匪反霸，减租退押"的"八字运动"和宣传《土地法大纲》。二是土改实施阶段。从 1952 年 8 月起至年底。深入发动群众，没收地主土地，进行土地分配。这个阶段是土改的主要阶段。大体进程是：划分阶级，没收地主土地，同时征收富农多余的部分土地。三是土改复查阶段。对全县 88 个乡土地改革工作进行一次全面复查，纠正偏差。同时在复查中对被错划成分的均做了纠正，对阶级成分划定偏高的也按政策和实际情况重新进行核定。全县共计纠正错划为地主、富农成分的有 38 户 170 人。

二、土改工作效果

在整个土改运动中，土改工作队员坚持与贫雇农同吃、同住、同劳动，建立和健全农民协会组织和民兵组织，发动广大贫雇农同地主阶级作斗争。在此同时，结合镇压反革命运动，全县共处决恶霸地主 216 人，收缴私藏武器弹药、刀具匕首一批。全县没收和征收地主、富农的土地共 14 万亩，房屋 4763 间，农具 3624 件，余粮 47 万公斤，现金 9674 万元（旧币），银圆 60 万元，黄金 6.95 公斤，布匹、衣服、家具、药品等物资一批。

1953 年 6 月，土改复查后，全县统一颁发了《土地房产所有证》，至此宣告土改运动结束。土地改革是徐闻县解放初期规模最大、涉及面最广的一次群众性运动。对于解放农村生产力，调动农民的积极性，促进农村经济的恢复与发展有着重要的意义。

人民公社成立、雷南县立与撤

一、人民公社的设置

中共中央政治局于 1958 年 8 月在北戴河召开扩大会议，会议作出《关于在农村建立人民公社问题的决议》。《决议》认为，建立人民公社是形势发展的必然趋势，几十户、几百户的单一的农业生产合作社已不能适应形势发展的要求，建立农林牧副渔全面发展、工农商学兵相互结合的人民公社，是指导农民加速社会主义建设，提前建成社会主义并逐步过渡到共产主义所必须采取的基本方针。北戴河会议以后，全国农村掀起了大办人民公社的高潮。

根据中央政治局北戴河扩大会议精神，1958 年 9 月 11 日，广东省委作出《关于在农村建立人民公社的决定》。该决定指出：人民公社较之农业生产合作社具有更大的优越性，是加速社会主义建设和过渡到共产主义的一种良好的组织形式。该决定对公社所有制体制、劳动组织和管理、组织机构及建社做法等问题均作了规定，提出全省建立 1000 个社，每社平均 8000 户，实行乡社合一，一乡一社，并以县为单位组织联社。根据广东省委指示，湛江地委提出要在全区范围内开展建立人民公社运动，要求于 9 月底以前实现全区人民公社化。

根据上级部署，为了便于摸索经验在面上推广，徐闻县委于

9 月 15 日组织大批人员在下桥、曲界两乡进行试点工作。经过大规模的宣传教育发动，各方面筹备工作有了一定头绪后，9 月 18 日至 20 日，徐闻县委召开扩大会议，并指出，通过前段的准备，现全县实现人民公社化已基本具备条件，于是按地理位置和作物种植不同结构划分区域，全县成立了红旗、上游、飞跃和跃进等 4 个人民公社。

10 月 1 日，徐闻县委在人民体育场召开庆祝人民公社成立大会，宣布全县已实现人民公社化。5 日，县委召开扩大战地会议，大会讨论决定：全县重新划分为 6 个人民公社，即东风（附城）、卫星（曲界）、跃进（迈陈）、红旗（下桥）、上游（锦和）和飞跃（龙塘）等人民公社。

二、成立雷南县

11 月，经广东省人民政府批准，按地理、生产、经济等条件进行并大县。1958 年 11 月，把徐闻县同原属海康县管辖的南渡河以南地区合并设立为雷南县。同时，成立了中共雷南县委员会和雷南县人民委员会，两委驻地徐闻县城。原属海康县（今雷州市）的先锋公社（南兴）、红专公社（龙门）、东方红公社（英利）3 个人民公社划为雷南县管理，同时将红旗公社与东方红公社合并。是年底，雷南县有人民公社 8 个。此后，人民公社进行了多次调整。

1959 年 3 月成立附城人民公社，12 月改称徐城人民公社。同年 3 月划出锦和公社部分辖地设置外罗、新寮公社，划出先锋公社部分辖地设置雷高公社。5 月，将先锋公社分划为东里、调风和南兴公社。6 月，划出南兴公社部分辖地设置松竹公社，划出红专公社部分辖地设置乌石公社，并将东方红公社分划为覃斗、英利公社。7 月，将红专公社分划为龙门、北和公社。至

10 月止，全县共有人民公社 18 个。1960 年 3 月，雷高公社并入南兴公社。

三、撤销雷南县，恢复徐闻县

1960 年 11 月 19 日，根据上级指示，撤销雷南县，恢复原徐闻县建制。于 1961 年 3 月、4 月先后将原属海康县的英利、覃斗、北和、乌石、龙门、南兴、雷高、调风和东里等 9 个人民公社重归海康县管辖。同年 4 月，增设北潭、水上、竹山、那练、角尾、西连、前山、下洋、和安等 9 个人民公社。是年底，全县共有 18 个人民公社 259 个生产大队 2563 个生产小队。

1965 年 8 月，竹山、北潭和那练、角尾 4 个公社分别并入附城和迈陈公社。全县辖 14 个人民公社直至"文化大革命"时期，其中农村公社 11 个、渔业公社 1 个、水上运输公社 1 个和徐城公社。参加公社的有 50301 户 217102 人，占全县总人口 91.9%。

人民公社实行政社合一的管理体制，既是农村基层政权组织，又是公社集体经济的管理机构。公社设立管理委员会，下设生产大队、生产小队。农民的开荒地、自留地、鱼塘、果树、农具、耕牛归集体所有，实行三级所有制，以大队为核算单位（1960 年后以生产队为基本核算单位）；劳动力由公社统一调配，实行行动军事化、生产战斗化、生活集体化管理，将劳动力按军队编制组成班、排、连、营，采取大兵团作战的方法，从事工农业生产。动辄夜以继日，连续突击。还强调公社生产自给，努力扩大公社内部的产品分配。公社强调"一大二公"，实际上就是搞"一平二调"。所谓"大"，就是将原来一二百户的合作社合并成为四五千户以至一二万户的人民公社；所谓"公"，就是将几十上百个经济条件、贫富水平不同的合作社合并后，一切财产上交公社，多者不退，少者不补，在全社范围内统一核算，统一分配。

7

第七章

改革开放发展时期

探索前进　振兴徐闻

一、推行农村联产承包责任制

1978 年 12 月，中共十一届三中全会通过的两个关于发展农业的文件，纠正了农村工作中长期存在的"左"倾错误，徐闻农村深受鼓舞，纷纷实行家庭联产承包责任制，把经营的责任权利直接包干到户。到 1980 年底，全县 100% 的农户实行了家庭联产承包责任制。

1982 年 1 月 1 日，中共中央批转的《全国农村工作会议纪要》明确指出：包产到户、包干到户都是社会主义集体经济的生产责任制。1984 年中央一号文件《关于一九八四年农村工作的通知》指出：延长土地承包期，鼓励农民增加投资，培养地力，实行集约经营。土地承包期一般应在十五年以上。徐闻县委、县政府认真贯彻中央文件精神，逐步巩固和完善家庭联产承包制，把土地承包期延长到十五年以上，鼓励农民增加投资，培养地力。在不准进行买卖和出租土地的前提下，对土地政策作适当的调整，允许经过集体同意转包责任田，将耕地逐步向百分之二十到百分之三十种田能手集中，腾出一部分剩余劳动力可以向非耕地经营转移，走向更广阔的新天地，可以搞养殖业，可以搞开发性承包，可以从事交通运输业，可以开办各种服务性行业，可以"离土不离乡"到集镇上设店办厂。从而家庭联产承包的范围从承包耕地，扩展到承包山林、海滩、水面和工副业。"包"字进入各个生产领域，占据了各个生产环节。

　　家庭联产承包制的巩固和完善，为发展农村商品生产开辟了广阔的前景。革命老区农村党组织放手让一部分农民先富起来，引导他们发展商品生产。许多农民开始从"种地为吃饭，养牛为犁田"转变为交换而生产，以商品生产者的姿态冲破了自然经济的藩篱。专业户、联合体从无到有，从少到多，到1984年7月，占到了全县农户的百分之十。成千上万农民从事副业，合资办工厂，搞长途贩运，进城经商，从偷偷摸摸、提心吊胆地干，变为堂堂正正、理直气壮地干。1985年，全县有333户农民承包开发48203亩土地、水域，其中荒山1070亩，荒坡28636亩，荒海涂11264亩，荒淡水面7233亩；出现各类专业户851户，其中种植业27户，林业40户，畜牧业43户，渔业272户，工业11户，建筑业3户，运输业145户，商业、服务业、饮食业250户，其他行业60户。承包大户有曲界仙安黄家贵承包开发种菠萝3000多亩，龙塘何开农承包开发造林1200亩，迈陈邓永发承包种剑麻1400多亩，龙塘刘子典承包海滩养虾380亩。二桥乡梁封文等5户农民，合资办加工厂，进行季节性加工，不到两年时间就盈利10万元。高坡乡李富强父子三人，一人行医，一人栽培食用菌，一人当兽医兼搞碾米加工，家庭纯收入连年超过1万元。北插乡李成规，一家12口人，从1981年起就全部离开耕地，开办家庭工厂，从事加工业，三年纯收入达5万多元。全县40万农民摆脱了传统农业的束缚，走上了大规模发展商品生产的新道路，有一部分农民则先富起来，达到小康水平。各地出现了建屋热、办电热、农机热。一幢幢新瓦房、小洋楼拔地而起，大批农户告别了低矮的茅草房，住进宽敞、明亮的新居。全县10个区用上了大电网的电，一部分农户用上了电和自来水，电视机、收音机、电风扇等高档商品开始进入寻常百姓家。

1991 年 11 月 25 日至 29 日举行的中共十三届八中全会通过了《中共中央关于进一步加强农业和农村工作的决定》。该决定提出把以家庭联产承包为主的责任制、统分结合的双层体制作为我国乡村集体经济组织的一项基本制度长期稳定下来，并不断充实完善。1992 年邓小平南方谈话，解决了市场经济姓"社"与姓"资"的认识问题，举国上下都在深化农村体制改革。

1997 年，根据中共中央办公厅、国务院办公厅《关于进一步稳定和完善农村土地承包关系的通知》（中办发〔1997〕16 号）和省、市有关文件精神，徐闻县委、县政府以"明确集体土地所有权、稳定农户土地承包权、搞活土地经营权，建立与社会主义市场经济和现代农业相适应的土地经营权流转制度，加强和规范土地承包合同管理，进一步稳定和完善以家庭联产承包责任制为主的统分结合的双层经营体制，切实保护和发挥农民的积极性，促进农业生产发展、农村经济繁荣、农民收入增加和农村社会稳定"为指导思想，坚持稳定完善、因地制宜、分类指导和尊重大多数群众意愿的原则，扎实、有序地在全县广大农村开展第二轮农村土地承包工作。通过统一思想，宣传发动；调查研究，制定政策；拟订方案，组织实施；审核确认，发放权证；总结检查，完善提高，全县农村土地承包期顺利延长 30 年，落实了土地承包权，签订了土地承包合同，健全和完善了积累机制，核发了《土地承包权证》，建立和完善了土地经营权流转机制，并妥善地解决了历史遗留问题，建立了长期的农民家庭经营体制和土地承包关系，使农民的土地承包权、生产自主权和经营收益权得到了切实的保障，为革命老区农业生产和农村经济的发展奠定了坚实的基础。

二、招商引资，促进工业经济发展

1992 年 12 月 5 日，经广东省人民政府批准，正式成立海安经济开发试验区。该区位于县城南 9 千米处，为副县级单位，人口 2.5 万人（2002 年），面积 25 平方千米，分为工业区、商住区、旅游度假区三大功能区。到 1995 年，该区先后与日本、韩国、马来西亚等国家和中国香港、澳门、台湾等地区商人洽谈引进项目 27 个，投资总额 13195 万美元，相继开设一批饮食、商住、旅游、娱乐等项目，包括由 10 幢楼宇构成的"海天又一屯"，投资额共计超亿元的永发花苑、怡安花苑、特具一格的市级旅游点"粤西第一村"——白沙湾度假村，投资 1.5 亿元的三星级宾馆金涛大厦和投资 2 亿元的海安国际大酒店等，还有总投资共计 5 亿元的木图轩木业发展有限公司、湛江冠亚食品有限公司、椰风食品集团有限公司、海安度假中心、海安新港码头等项目入区。到 2002 年，白沙湾旅游度假村投资 1000 多万元，建设蒙古包 50 座，设有饮食、旅业、卡拉 OK 等娱乐场地，年总收入达 500 多万元。同时，开通海关运输业务，支持出口大户进行技术改造和扩大出口量。1994 年 7 月，经广东省交通厅批准，成立第一家外贸航运企业——徐闻县口岸储运公司，具有外贸海运经营权。1995 年 12 月 1 日，开通海安对越南小额贸易试点口岸，开设海安口岸联检机构，增设徐闻海关报关征税统计业务。

2000 年 9 月 28 日，徐闻县举办 2000 年农海产品订货会，吸收了来自国内省市客商和马来西亚、南非等地的外商、贵宾 695 人。这次共设展厅 27 个，共签订了 236 宗合同，金额达 12.83 亿元。

2003 年，徐闻县委、县政府重新调整了县域经济发展的思路，确立工业兴县的发展方向，并把开发区定位为承载全县工业经济的主平台。为实施这一发展战略，县委、县政府及时调整和加强了开发区领导班子，投入大量资金，兴建开发区工业园，加大政策扶持力度，制定鼓励性财政奖励制度。在一系列的政策推动下，开发区干部职工在县委、县政府的直接领导下，以饱满的工作热情投入开发区建设工作中来。2000年至2003年之间，开发区工业园共投入基础设施建设资金2300多万元，园区首期面积1.8平方千米，引进工业企业9个，建成投产7个，引进第三产业企业3个，已建成营业2个，提供项目建设用地共1780亩；共引进投资4.3亿元，实现年均生产总值3.86亿元，年均创税收1648万元；解决社会就业3500人，带动社会消费1331万元/年，加工农海产品1.65亿元/年；实现投资强度为52.25万元/亩，产出强度为80.37万元/亩，创税强度为3.21万元/亩，为社会经济发展作出了贡献。

2015年1月徐闻县政府向广东省人民政府申报并于2015年8月经省政府同意，广东徐闻经济开发区建设徐闻产业转移工业园，承接珠江三角洲地区产业转移，纳入省产业转移工业园管理，享受省产业转移政策，并获省政策扶持资金5000万元，可为广东徐闻经济开发区较好地构建产业转移平台。产业转移工业园初步选址在开发区内，规划面积342.4公顷，划分为电子产品研发区、生物科技产业区、农产品加工区、装备产业区4个功能区。同时县委、县政府提出"一园多区"的构想，加快推进"一园多区"规划建设，在下桥段建设徐闻生态工业集聚区，引导原园区部分企业进驻该区，进一步优化产业布局。此后，开发区的发展翻开新的篇章，开发区的发展也进入了新的历程。

运输业不断壮大

一、交通基础设施建设

1978 年，徐闻县完成广海线上桥路段 3.9 千米的改线工程和下桥至公家楼线桥梁的改建工程；改宽老柏油路 20 千米，新铺柏油路 9.2 千米。至 1985 年，全县有公路 63 条，总长 638 千米，形成纵横交错、四通八达的公路网。全县除新寮岛于 1987 年才通车外，其余乡镇都在 1985 年前通汽车。1987 年起，借鉴珠江三角洲"路通财通事事通"的经验，全县掀起第一次公路建设热潮，坚持国道、省道、县道、乡道建设齐头并进。1993 年起全县掀起第二次大办交通的高潮，交通基础设施有了突破性的发展。1986 年至 1993 年底止，全县新建地方公路 65 条 290 千米。1993 年 7 月，省、市、县和单位、人民群众集资 2700 万元，改建 207 国道徐城路段 4.2 千米水泥路面，使徐闻县城市政建设、交通秩序大为改观。同时，将 207 国道徐闻县城至海安路段 10 千米按二级水泥路面标准改线，1994 年动工建设，1996 年初建成通车。至 1993 年，全县共建有公路 128 条，总长为 913.9 千米，所有乡镇和 98% 的行政村可通汽车。

进入 21 世纪，又建设了一些公路。其中，湛徐高速和 207 国道过境，徐闻境内长 33.7 千米，双向四车道，通往内蒙古锡林浩特市；289 省道（南前线）过境，其中徐闻境内长 15.66 千米，双向二车道，通往雷州市南兴镇；376 省道（外西线）长为 71.24 千米，双向二车道，由徐闻县外罗埠通往徐闻县西连圩；693 县道（下金线）、694 县道（那赤线），总长为 33.52 千米。县通镇公路 155 千米，乡道硬化建设 2700 千米。徐闻大道（北段）长 6.29 千米，双向四车道。湛江环雷州半岛一级公路南线段长 107.26 千米，从徐闻县迈陈镇迈汶村起接 376 省道，到雷州市调风镇后营村 289 省道止。南线段中，南山镇那涧至龙塘镇大塘段 25 千米道路规划 80 米宽双向六车道，其余路段为一级公路。自 2002 年中央提出实施农村公路硬底化以来，全县把农村公路建设列入城乡建设规划，作为加快社会主义新农村建设的重大举措来抓，广泛宣传及全面动员全县各村迅速掀起建设硬底化农村公路高潮，彻底改变徐闻农村道路晴天红尘满天飞扬雨天道路泥泞不堪的面貌（因为徐闻都是红土地），有效地解决了广大人民群众的出行问题，有力地促进了全县城乡经济社会发展。据统计，2003 年至 2015 年全县完成农村公路硬底化建设里程 3138.68 千米，总投资 83160.4 万元。全县有客车 566 辆，货车 1801 辆，公共汽车 65 辆，农村客运汽车 221 辆，出租车 74 辆。有客运站 15 个，其中三级客运站 3 个，五级客运站 4 个，简易客运站 8 个。徐闻县汽车运输总站、徐闻县海安客运站和徐闻县中心客运站为三级客运站，2013 年日均发车量分别为 140 辆、80 辆和 14 辆，日均客运量分别为 4353 人次、1400 人次和 500 人次。2014 年运输客运量 767 万人次，货运量 986 万吨，货物周转量 498032 万吨千米。

二、大型交通道路建设

2015 年至 2018 年，徐闻县大型交通道路建设项目主要有：徐闻港进港公路改扩建项目；湛徐高速徐闻港湛支线建设项目。

徐闻港进港公路改扩建工程起于湛徐高速徐城出口，与207国道连接，途经城北乡、徐城街道办、南山镇，终于徐闻港南山作业区码头，全长17.4千米（主线长15.56千米，支线长1.84千米），项目征用土地1436亩，总投资7.11亿元。该路按一级公路兼城市主干路标准设计，考虑港区车流量及人流量大的特点，从起点K0+000至K13+260处（长13.26千米），按双向四车道设计，另预留四车道。主线K13+260至K15+560（长2.3千米）和支线1.84千米（南山港港区至北港码头段），按双向八车道设计，两边各设有3米宽辅道和2米宽的人行道。路基宽42米，道路用地宽55米，2018年10月建成通车。该项目建成后，将进一步加强与海南的对接，减轻徐闻的交通压力，对推动地方经济的发展和解决民生问题起着重要的作用。

湛徐高速徐闻港支线项目起于湛徐高速公路K510+500处，从北向南依次经过徐闻县的城北乡与南山镇，终点与现有进港大道相接，全长16.32千米，按双向四车道高速公路标准设计，设计时速120千米，路基宽28米。全线设主线桥梁4座，互通立交2处，下穿粤海铁路箱型通道1座，进港大道改造1处，服务区1处，总投资14.7亿元，是广东省的重点建设项目之一，于2018年10月建成通车。该项目作为通往海南省的客货运输主要陆路通道，有利于增强大陆与海南岛的对接，增强沿海经济向内陆辐射的力度，同时，也将完善湛江市高速公路网，进一步改善进出徐闻港的交通环境，使徐闻港与广东省内的高速公路网能够有效连通。

教育科学文化事业呈现新气象

一、教育事业

党的十一届三中全会后，徐闻县教育事业经历了探索、奠基、巩固、跨越四个发展阶段。

一是探索发展阶段（1978—1997 年）。"文化大革命"结束后，部分厂场、机关陆续创办幼儿园，许多小学也附设学前班，幼儿教育又继续发展。1991 年夏，县第一幼儿园创办。以后几年，县城和各乡镇先后办起一批私立幼儿园，乡镇管区也办起一批集体幼儿园。据 1997 年秋统计，全县有幼儿园 80 所，在园幼儿 6032 人，教职工 391 人。

小学逐步恢复正常。1983 年，调整学校布局，撤销小学附设的初中班，停办简易小学，每个大队（管区、村委会）一般只办一所完全小学，自然村只办初小。小学学制由五年改为六年。1985 年冬，经省、市检查验收，全县基本普及小学教育。20 世纪 90 年代，县城和一些乡镇办起一批私立小学。据 1997 年秋统计，全县的公办、民办小学共有初小 294 所，完小 231 所；有小学学生 98409 人，小学教职工 3674 人。

1985 年前，徐闻县原则上一个公社保留一所中学，撤销"戴帽子"初中班（"戴帽子"初中班是指有个别中心小学开设二年制的初中教育，称为"附设初中班"），压缩高中班。1980 年，附城中学复名徐闻一中，归县教育局直接管理。1981 年，完全中学有徐闻中学、徐闻一中、迈陈中学、曲界中学和锦和中学 5 所。初级中学有新寮中学、下洋中学、前山中学、龙塘中学、下桥中学、徐城中学、徐城初级中学、五里中学、大黄中学、角尾中学、西连中学等 11 所。1983 年秋，锦和中学高中班改办农业高中班。1984 年秋，农业高中班并入海安农校，锦和中学只办普通初中班。

1985 年秋，为加强职业教育，徐城中学改为徐城职业高级中学。该校为湛江市的骨干职业中学之一。1991 年后，增办外罗中学、曲界二中、下桥二中、前山二中、迈陈二中、龙塘二中。1993 年秋，徐闻二中增设高中班。1994 年至 1995 年，民办立品中学、椰林中学相继创办。1996 年底，经省、市检查验收，全县基本普及九年义务教育。

1997 年秋，全县有公办完全中学 5 所、职业高中 1 所、初级中学 26 所、民办初中 2 所。在校中学生 36570 人，中学教职工 2034 人。

二是义务教育和高中阶段教育稳步发展，夯实教育发展基础阶段（1997—2010 年）。其间，县委、县政府加大了对教育的投入，通过落实义务教育以县为主的管理体制，实施薄弱学校改造、"改危"等工程，加快了校舍建设，改善了办学条件，学校基础设施逐步完善。1996 年普及九年义务教育；2010 年普及高中阶段教育。经过十几年基础设施设备的建设，初步夯实了全县推进教育现代化的基础。

三是整合教育资源，促进全县教育现代化发展阶段（2010—2015 年）。其间，县委、县政府进一步落实教育责任，不断加大教育投入，大力推进学校布局调整，开展义务教育规范化学校建设和校安工程建设。2012 年开始实施教育创强，不断优化办学条件和教育资源。2015 年，通过了广东省教育强县督导验收。至此，徐闻教育走上了健康发展的快车道。

四是跨越发展，提升县教育现代化水平阶段（2015—2018年）。在教育强县评估验收后，县委、县政府抓住机遇，顺势而为，在巩固教育强县的基础上，把推进教育现代化作为新的教育发展目标，努力促进教育公平与均衡发展，不断充实教育现代化内涵，着力打造结构合理、发展均衡、机会公平、质量优良的现代化国民教育体系和终身教育体系，教育现代化水平显著提高。2016 年徐闻县通过了全国义务教育基本均衡县的督导评估，2018年通过"广东省推进教育现代化先进县"督导验收。

至 2018 年秋，徐闻县有各级各类学校 313 所，在校学生104572 人，教职工 8561 人，专任教师 7551 人。校园占地面积4486413.5 平方米，校舍面积 1344718.27 平方米，图书 209.7 万册，计算机 4738 台，固定资产 2.35 亿元。全县投入创建广东省推进教育信息化先进县资金 6.0749 亿元。实施农村义务教育薄弱学校改造和普通高中办学水平提升工程，累计改造提升农村义务教育薄弱学校 80 所。推进城区中小学校学位项目建设，共投入1350 万元推进实施《徐闻县城区小学学位扩容工程》，完善教育信息化基础设施，教育信息化覆盖率 100%；徐闻县中小学在线云课堂项目建成。

二、科学文体事业

为了以科技推动现代农业发展，徐闻现代农业科技展示和推广中心建设得到推进。一是依托徐闻生态工业集聚区成功申报省级农产品加工示范园；二是以菠萝产业为主导成功申报国家现代农业产业园，并获得首批国家农村产业融合发展示范园创建资格，是全市唯一获得这三项殊荣的县（市、区）。由于扎实推进国家级农产品质量安全县创建工作，徐闻现代农业发展迎来重大机遇。标准化种植、加工、流通、产学研合作取得新突破，并与中国热带农业科学院农产品加工研究所、中国热带农业科学院南亚热带作物研究所、仲恺农业工程学院等农业科研单位和高校建立合作关系，成立了南方菠萝研究院。新型农业经营主体不断壮大，至2018年有省级农业龙头企业4家、市级农业龙头企业12家，省级农业合作社18家、市级农业合作社18家。徐闻县由于优化畜牧养殖区域规划，畜牧业生产规模化程度有效提高，良禽良种全面推广。

积极实施"科技兴海"战略，南珠、海参规模化养殖基地不断扩大。海安一级渔港和角尾港门渔港建设扎实推进，渔业生产基础不断夯实。2016年徐闻县被农业部确定为第二批国家农产品质量安全创建试点单位。至2018年，推广节水技术面积60万亩，良种覆盖率达94.6%。推动畜牧养殖业转型升级，培育了正茂黄牛养殖场、熊氏农业有限公司等畜牧龙头企业，创建了半岛鸡等品牌。农机新技术新机具有效推广，农业机械化水平不断提高。

至2018年，徐闻县实现镇、村公共体育文化设施全覆盖，建成基层综合性文化服务中心示范点6个。成功举办了"纪念汤显祖逝世400周年"系列活动，传统雷剧《贵生情》、著名戏剧《牡丹亭》雷剧版巡回上演，社会反响热烈。成功承办了2016年全国男子手球锦标赛和第三届国际武术学术交流会，获得了国家体育总局手球曲棒垒球运动管理中心颁发的"优秀赛区奖"。完成了第一次全国可移动文物普查工作。徐闻古港荣获"广东十大海上丝绸之路文化地理坐标"称号；二桥汉代丝绸之路始发港遗址和华丰岭汉墓群被列入广东省文物保护单位。开展送戏下乡等系列文化惠民活动，加大文化遗产保护力度，修缮贵生书院及门前古石道。群众体育事业蓬勃发展，徐闻县被评为全国群众体育先进单位。

第四节 扩展城区 旧貌换新颜

一、城区规划与建设

改革开放以来，徐闻县城镇化建设取得翻天覆地的变化。县城人口由 3.7 万增至 15.6 万，县城和乡镇集圩城镇化率由不足 3% 提高至 28.6%，县城城区建成区面积由不足 5 平方千米增至 23.5 平方千米。

县城城区是城镇一体化的主要载体，县城城区建设是城镇一体化的主要内容。20 世纪 90 年代以前，徐城街道主要有民主路、东方路和红旗路，且路况不够好、配套设施不齐，不适应城镇一体化发展的要求，必须进一步规划建设。徐闻县委、县政府十分重视，20 世纪 90 年代掀起了县城城区建设的热潮，目标明确，措施有力，有序推进，成效显著。

（一）建设新街道

1993 年，修建庆东路、东平一路两条混凝土路，长分别为 650 米和 580 米，投资额达 1300 万元。1995 年 4 月 28 日，动工兴建东平二路、三路和德新路，通过招标方式确定 4 个工程队分段同时施工，1995 年 9 月 28 日建成通车。东平二路与德新一路总长 2540 米，宽度 30 米，四车道，一级混凝土路，路两边各 30 米为开发建设用地，总投资（包括搬迁费）7000 多万元，共搬迁沿街居民 350 户。东平二路、三路和德新路的建成，不但扩大了城区，而且探索了城区建路的方法，为后来的城区建路积累了经验。至此，城区面积达到 5.86 平方千米，主要街道共 34 条，总长 25700 米。1999 年 8 月 1 日，正式启动城东大道拆迁工程，经过一年三个月的努力奋战，2001 年 1 月 11 日终于竣工通车。城东大道，全长 2634 米，总投资 7000 万元。2001 年 8 月 8 日，动工兴建贵生路。贵生路全长 1418 米，宽度 24 米，2002 年建成投入使用。2002 年 9 月 30 日，破土兴建文塔路，2003 年建成。文塔路全长 1253.5 米，宽 24 米。全路按市政主干道一级道路标准设计，供电、供水、电信、电视线路配套齐全且全部地下埋设，路灯、绿化工程同步进行，路边设有购物中心、商住小区、宾馆、学校、市场、停车场、博物馆、公园等。文塔路与贵生路商业街和华建商业街共同构成城西商业中心。县城区所有市政主干道均采取"以地换路"的方法筹资兴建。

2013 年 6 月，经广东省政府批准立项改造建设的徐闻县城木兰大道正式通车。大道全长 3.65 千米，宽度为 52 米，双向六车道，占地面积 1020 亩，投入资金 3.5 亿元。木兰大道是徐闻县第一条采用 LED 节能灯照明的道路，对于改善县城交通环境，拉大城区框架，促进区域经济发展起着重要的作用。

（二）改造旧街道

1991 年 5 月至 1993 年 11 月，把 207 国道上的红旗一路、二路、徐海路、城北路等路段的沥青路改为四车道的一级混凝土路，并重新修筑地下排污渠道。全长约 4.2 千米，总投资 3800 多万元。1994 年，改健康路的沥青路为混凝土路。修建时，对原有的地下排污系统重新布设、加大，使原来脏乱差的路变为清洁路。1998 年 9 月 28 日，正式启动东方二路改建工程，1999 年 2 月 9 日竣工。该路全长 2.6 千米，投资 800 万元。1999 年，完成徐城小街小巷硬底化改造 29 条。其间，还改造了木棉路、树山路、前进路、北水路、城墙路和汤宅路。

（三）建设城市公共设施

1992 年前，道路两旁植花木 6410 棵，公共场所植乔木 13200 棵，灌木 1100 丛，绿化面积 5336 平方米；绿化园林建筑面积达 2070 平方米。1992 年，投资 55 万元兴建徐城蔬菜市场。市场位于北水路南侧，占地 9680 平方米，顶盖面积 1300 平方米，为北运蔬菜的专业市场。1994 年 6 月，动工兴建芳都大酒店。酒店位于红旗一路东侧的 125 号，为 15 层全框架结构的高层建筑，建筑面积 13677 平方米。1994 年，由城南乡投资 1200 万元兴建杏花宾馆（今改为幸福酒楼）。宾馆位于徐海路口南侧，建筑面积 3600 平方米。1994 年底，投资 1300 万元，改建位于东方二路北侧、初建于 20 世纪 70 年代、扩建于 1985 年、改造于 1990 年的东方市场，拆除平房改建为四层楼房，建筑面积 16000 平方米。1995 年 1 月 1 日，徐闻商贸城正式建成开业。该商贸城由纺织品公司、百货公司和五金公司合资兴建，占地面积 10000 多平方米，建筑面积 8000 平方米，总投资 1000 多万元，为当时全县商业贸易最大的经营网点。1997 年，修复徐闻大会堂，搬迁烈士陵园。2000 年，建设地下水管道 10 千米，全面安装了城区街道路灯，长达 40 千米，市容市貌大为改观。到 2003 年，还新建清水湾、世外桃源、聚雅、来悦等酒店。2010 年至 2017 年，在徐海大道中段西侧先后建起设计新颖、豪华大方的杏磊湾温泉度假村酒店、星海湾酒店。是年，县城城区绿化面积 270 公顷，其中公共绿地 120 公顷，绿化覆盖率 33%。

二、宜居工程编制与建设

2011 年，徐闻县完成了《徐闻县城总体规划（2010—2020）》修编工作。2010 年，华建花园、三禾茗都、东方雅居、君悦花园、富璟园等住宅小区相继开工建设。审议并提请县政府审批了润和四季花城、华双新城、万洲皇府花园、金源华庭、君悦花园、中圣豪园、三禾京都、金雅花园、港航花园和南海明珠等 10 多个住宅小区的规划方案。至 2018 年底止，这些住宅小区全部建成并陆陆续续开始居住。

2011 年至 2015 年，徐闻县加大对城乡规划的监管力度，县城规划依法依规实施，没有出现行政干预规划的现象。开发建设项目规划的科学性、合理性、可实施性较强。其间，完成金海湾等 3 个住宅小区规划审批前期工作，完成徐闻生态工业园控制性详细规划编制，完成徐闻县生态控制性线划定，完成徐闻县管道天然气规划、门站及管道选址，完成城南大道片区控制性详细规划初步方案编制，完成教育城片区控制性详细规划初步方案编制，完成徐闻白沙湾旅游总体规划及海安汇丰片区控制性详细规划编制和审批。完成了生活垃圾处理设备配置等。

2015 年至 2017 年，徐闻县高标准、高起点规划建设城乡。一是组织完成了《徐闻县城市总体规划（2011—2035）》编制。县城规划范围从 143 平方千米扩大到 253 平方千米。二是组织编制梅溪新城、城南片区、南山片区（物流园）、白沙湾片区控制性详细规划；组织编制南极村初步规划；完成乌港新农村片区规划，滨海旅游公路徐闻段 168 千米选线及中心城区观海长廊设计方案；完成碧桂园、清华园、丽景新城、木兰大道城市综合体、阳光海岸、城南大道、湿地公园等项目详细规划。三是规划建设建筑垃圾处理场，建筑垃圾开始得到有效处理。2016 年至 2017 年全力推进重点项目建设。生活垃圾焚烧发电厂（BOT 模式）投资 3.5 亿元，已完成项目招投标工作；推进乡镇村污水处理建设项目（PPP 模式）投资 16 亿元，已完成挂牌招标工作；梅溪新城项目（PPP 模式）投资 17 亿元，已完成 9 平方千米规划编制工作;城南片区项目计划融资 9.5 亿元,已完成城南片区控制性详细规划和道路初步设计方案编制、审批及招投标工作;全面规划建设滨海旅游公路徐闻段 168 千米及中心城区观海长廊项目工作;木兰大道城市综合体项目商业部分已完成规划建设的 3 万平方米主体工程,投资近 1 亿元;碧桂园二期项目已完成总体工程量的 90%,投资约 1.3 亿元。全力加大农村环境综合整治力度,农村人居环境得到进一步改善。农村环境卫生治理实现全方位覆盖,完成了省定 25 个行政村 193 个自然村规划编制。

创建生态文明村　促进城乡一体化

一、创建概况

2002 年以来，徐闻县在省委、市委宣传部、农办、文明办以及有关单位的帮助和具体指导下，以民为本，坚持以发展农村经济为中心，广泛开展以"四通五改六进村"为主要内容的生态文明村创建活动。党的十六届五中全会后，按照中央"二十字"方针要求因地制宜全力推进社会主义新农村建设。至此，徐闻县的生态文明村创建经过试点、推广、综合创建等发展阶段，范围不断扩大、内容逐步丰富、水平日渐提高，走上了持续、健康的发展轨道。截至 2018 年底，全县已建成生态文明村 1100 多个，占全县自然村总数的90%以上。其中被评为全国生态文明村（镇）4 个，省级生态文明镇 4 个，省级生态文明村 12 个、卫生村 20 个；市级生态文明镇 7 个，市级生态文明村 39 个，卫生村 26 个、特色文化村 19 个。徐闻县被中宣部树立为全国新农村建设四个先进典型之一。通过生态文明村创建，村庄环境、经济状况和村民精神面貌都发生了很大变化，成为展示徐闻县生态文明创建活动成果的形象窗口。

二、创建带来效果

2001 年，徐闻县地方财政收入困难，创建生态文明村，完全靠政府的财力支持基础设施建设，压力很大。为解决创建中的资金难题，县委、县政府十分重视发挥群众和社会力量的作用，做到内外联动、上下联动、齐抓共建，形成强大的合力，引导农村采取"上级部门拨给一点、挂点单位捐助一点、外出人员资助一点、社会各界赞助一点、盘活集体资产筹集一点、村中群众自筹一点"等"六个一点"和企业投资、银行按揭的办法，有效地解决了生态文明村创建资金困难问题。在创建生态文明村中，全县共投入资金20.7亿元。到2018年底，徐闻县在全省率先实现乡镇通行政村水泥硬底化道路。10多年来，全县还改造危房、茅草房2.1万多户，解决7.6万名农民的住房难问题。此外，实现了行政村通邮率100%，自然村通电率100%，村村通广播电视。同时，通过抓村庄的绿化、美化、净化，创建一批"绿色村庄""园林村庄""生态村庄"。海安镇广安村先后被评为"湛江首批最美丽的村庄""广东省文明示范村"和"全国创建文明镇村先进单位"。到2018年底，全县已完成1261个村庄的建设规划，并且在创建生态文明村的基础上，因地制宜，从实际出发，制定社会主义新农村片区发展规划，有效地整合资源，促进新农村区域发展。

三、创建带来变化

徐闻县生态文明村的创建带来三大变化：一是农村环境面貌大变化。凡是创建生态文明村的地方，村道通畅、绿树环绕、环境整洁、空气清新。文化娱乐、休闲养生的生活方式得到大大改善，往昔脏乱差的现象基本消除。二是农村经济发展大变化。把创建活动与调整种养业结构、发展庭院经济、解决农村富余劳动力就业等紧密结合起来，创造出了很多发展经济、增收致富的新办法、新渠道，使农民逐步走上富裕之路。三是农民群众的精神面貌大变化。农民文明程度大大提高，吸毒、赌博、打架斗殴、封建迷信等不文明、不健康现象越来越少，遵纪守法、追求科学、安居乐业、安定祥和的氛围越来越浓。这三大变化，表明生态文明村建设是实实在在的民心工程、惠民工程，用徐闻农民群众自己的话说：这是一件干部积德、百姓得益的大好事。由于让农民得实惠，徐闻县生态文明村建设吸引了农民群众的参与，使创建活动成为农民群众由当初的"要我建"变成了现在的"我要建"、"自己的事情自己办、自己的家园自己建"的自觉行动。

在创建生态文明村活动中，徐闻县还十分重视农民的思想道德建设，着力培育农民保护环境、与自然和谐相处的意识。通过在各个层面进行深入广泛的宣传、教育，引导农民崇尚科学，抵制迷信，移风易俗，形成了生态文明村建设的强大合力。为确保生态建设规范有序、健康发展，通过送法下乡、法律进乡村、法制文艺演出等形式，提高农村基层干部和群众的法制观念和法律意识，有力促进了农民生产、文化娱乐生活水平的提高。

第八章

加快老区建设　推进乡村振兴

第一节 加快现代农业发展

加快现代农业发展，谋求产业兴旺，是乡村振兴的前提和基础，是促进农民增收脱贫的关键所在，是乡村振兴的内源性动力支撑。因此，徐闻县革命老区坚持在实施乡村振兴战略中顺势而为，乘势而上，坚持以产业兴旺引领乡村振兴，促进生态环境的良性循环，实现农业可持续发展，推动乡村振兴高质量发展。

一、革命老区产业面临的困境

中华人民共和国成立后，特别是改革开放以后，在各级党委和政府的领导下，广大人民群众的生产积极性充分调动起来，徐闻县革命老区村庄的产业经济发展与全县乡村一样取得了长足的进步。

然而，通过调研考察，党的十九大召开前，徐闻县老区村与周边地区村庄相比，还存在比较大的差距，问题不少。主要表现在革命老区多地处在偏远山区和沿海地区，大多数老区村居住分散，自然条件差，交通不便，信息闭塞；山区的蔬菜、坡地的菠萝、稀缺经济作物、乡愁味民宿、红色基因场所、森林氧吧等资源价值被忽视；现有产业规模小、技术含量低、附加值少，生产效益不够理想；农产品加工业瓶颈难解等因素制约了经济发展，造成贫困面较大，发展举步维艰。经济欠发达的革命老区村几乎占了一大半，甚至有些老区村无集体经济基础，无村集体收入，缺乏"造血"功能，自我发展能力差。

二、革命老区实现了产业脱贫

在党的十八大以来，在一系列富民政策的指引下，徐闻县革命老区的广大人民群众继续发扬革命战争年代的光荣传统，自力更生，奋发图强，依靠自己的力量，借本县地处亚热带，气候温和，日照时间长，四季如春，适宜种植各种热带和南亚热带作物的有利条件，大力建设南亚热带农业示范区，形成了菠萝、香蕉、蔬菜、蔗糖、优质芒果、速生丰产林、对虾养殖和珍珠养殖等九大商品基地。徐闻三面环海，岛屿众多，港湾星罗棋布，海岸线长 372 千米，海滩涂面积 25.45 万亩，海洋资源十分丰富，鱼虾可养面积 21.57 万亩。下洋、前山、新寮老区镇渔场分布广，鱼类资源十分丰富，盛产对虾、珍珠、黄花鱼等名贵海产品，助推革命老区产业脱贫提质增效。

（一）大力推进特色种养业扶贫

重新再认识革命老区资源价值，将其转化为发展农林业产业优势，因地制宜谋划发展适应性产业，优化农业林业产业结构，加快休闲农业、特色农产品包括菠萝、香蕉、蔬菜等特色高效产业发展，加快推进革命老区现代农业园区、产业扶贫园区等建设，着力打造产业扶贫升级版，强化扶贫单位与贫困村（户）利益联结，长期稳定带动其脱贫。推进"一村一品"主导产品通过绿色食品或有机农产品认证。

（二）构建科技推广网络和服务体系

在农业部门的支持下，通过农业标准化，徐闻构建起了一个庞大的科技推广网络和服务体系，实现了科技人员直接到户、科技要领直接到人、科技成果直接到田。与此同时，在全县用"以村建基地、基地连农户、农户加标准"的做法，大规模实施农业标准化。通过几年的努力，全县80%的老区土地实现了农业标准化耕作，菠萝和香蕉大宗农业的标准化种植面积分别达到98.7%和80%。

（三）大力推进商贸流通扶贫

对革命老区特色优质农产品，徐闻县老促会借用省（市、县）各级媒体发布信息、宣传推介，联系商贸流通领域扶贫企业搭建产销对接平台，畅通销售渠道。县老促会每年都举办二至三期老区创业青年培训班，大力开展电商扶贫，提升革命老区电商服务水平，鼓励贫困群众参与，重点培训村干部、大学生和退伍军人，培育电商扶贫带头人。每年的耕播季节，特别邀请农艺师深入田间地头，手把手现场指导农民标准化耕作。

（四）实行"一村一品"农业格局

全县革命老区形成了多户连片、一村一品、一乡一业的农业规模经营格局：东部建立20万亩优质菠萝基地、20万亩反季节香蕉产业带、20万亩甘蔗基地、5万亩对虾养殖基地；西部建成25万亩外销蔬菜标准化示范基地，5万亩优质芒果、荔枝基地和3万亩珍珠养殖基地；北部建成2万亩种桑养蚕基地等"十大特色"农海产品生产基地。

加快新农村建设

徐闻革命老区大多位于偏远山区，交通不便，信息不畅，基础设施欠账较多，致使资源优势难以转化为经济优势，严重制约了革命老区开发建设和群众脱贫致富。以交通、水利、电力问题最为突出，"难在路上、困在水上、缺在电上"是许多老区的真实写照，解决出门难、照明难、吃水难、洪涝灾害频发等问题是老区群众反映最多、最现实、最迫切的愿望和诉求。

近年来，徐闻县一直非常重视打造革命老区农民安居乐业的幸福家园，在农村生态宜居环境改善方面，坚持以"高点定位、率先行动、创新突破"为重点，提升基础设施，从最基础的通路、通邮、通电、通广播电视、改水、改厕、改路等方面入手，切实解决居住难、出行难、洗澡难、如厕难等民生难题，作为老区开发建设与脱贫攻坚的首要任务抓实抓好。通过破解瓶颈带动老区发展，让农村更清洁、更宜居、更便利，满足农村居民日益增长的物质、文化需要，逐步缩小了城乡差别，绝大部分老区村华丽转身，面貌焕然一新。

一、改善居住环境

2014 年，为打赢茅草房改造这场大会战，帮助老区人民改建新房屋，按时完成湛江市政府交办的任务，徐闻县采取多项举措，不断加大茅草房改造工作力度与步伐。

一是徐闻县人民政府召开茅草房改造资金拨付工作会议，明确了茅草房改造面积和补助标准："全倒户"和茅草房户按每户40000元的标准补助资金，资金分类分批发放。按照市有关文件要求，茅草房改造标准是：五保户、孤儿户按每户30平方米的标准进行建设；孤儿户人口数超过3人的，按人均不少于13平方米的标准进行建设；改造户按人均不超过16平方米的标准建设，且建筑面积控制在每户60平方米左右。补助标准为：五保户、孤儿户按每平方米1200元的标准补助资金；其他"全倒户"和茅草房户按每户40000元的标准补助资金。资金分类分批发放，五保户、孤儿户的补助资金统一划拨到所在镇政府统筹安排，其他改造户根据工程进度逐步安排资金发放，房屋改造动工时发放40%、工程中期发放30%、工程竣工验收后10天内发放余下的30%。另外，为做好茅草房改造工作，湛江市直51个单位分赴徐闻县7个乡镇51个自然村开展帮扶工作。

二是近年来人民生活富裕起来，徐闻新农村的"菠萝楼""香蕉楼""芒果楼""玉米楼""蔬菜楼"（指农民用种植菠萝、香蕉、芒果等卖的钱盖的楼）不断拔地而起，全县233个老区村建起了近6000幢新楼房。村民住宅一方面随自然条件、建设材料、经济水平和风俗习惯等的不同而千差万别；另一方面又因村民生产、生活基本要求的一致性而具有共同的特点。一般而言，徐闻老区新农村住宅的功能特别适应家庭生活和农副业生产的双重需要。除生活用房的卧室、堂屋（家庭共同活动的房间）、厨房、贮藏间和卫生间等外，还包括生产房间和辅助设施的饲养间、仓库等。

二、修建硬底化村道

公路是经济发展的动脉，农村公路网的建设，对促进区域经济发展，提高农民生活水平，改善农村经济和人居环境有着十分重要的战略意义。近年来，徐闻县加快推进老区农村道路硬底化建设，为基层群众修了一条条平安幸福的致富路。

在没实现道路硬底化之前，徐闻县老区的道路等级低、路况差。有些村内道路、村际间的道路未修建，有相当一部分自然村道路还是坑洼不平、泥尘满天的黄泥路，行人和车辆进出既不方便也不安全。

近年来，徐闻县老区按照县委、县政府的统一部署，以人居环境综合整治为抓手，大力开展美丽乡村建设，全面实施道路硬底化建设。同时，将美丽乡村建设和乡村振兴相结合，服务农村产业发展，提升交通运输条件，带动乡村经济发展，提高村民收入。

到 2018 年，徐闻县老区村庄道路纵横交错，基本实现"村村通、户户通"，干净、平坦、整洁的水泥硬底化村道早已代替了往日泥泞的乡村道路，一条条平坦的水泥路连接在村与村之间，直达村民的家门口。不仅改善了村庄交通环境，使村民出行更安全更便利，还缩短了城乡差距，村容村貌得到了极大的改观和提升。全县 15 个乡镇（街道办）的 233 个老区村建起了硬底化道路 867.29 千米，其中村内硬底化水泥路 597.7 千米，并且在曲界镇西边山村修建了一座新桥梁。尤其是下洋镇下港老区村建起的 6.4 千米的硬底化水泥路，惠及 5 个村委会 25 个村庄。

三、抓好安全饮水工程

徐闻县革命老区村庄多数地理位置偏僻，生态环境恶劣，水资源十分匮乏，灾害频繁发生，经济极度脆弱，许多村庄村民饮水难问题几乎没有得到解决，村里没有水塔，"雨天有水、天旱无水"的现象经常发生，遇到大旱时，村民需到几千米以外处挑水，有的半天只能辛苦地挑回一担水，大多数的村民主要靠自挖水井，或用水桶接下雨时的屋檐水，或接山坡上的流水，饮水存在很大的安全隐患。

近年来，徐闻县老区脱贫攻坚已经进入决战决胜的关键节点。为打赢脱贫攻坚这场硬战，基本实现全县老区吃水不愁的目标，县老促会联合农业、水利等有关部门采取多重措施推进安全饮水工程，为水利脱贫攻坚按下快捷键、跑出加速度。

（一）全面核查，组织保障更有力

在目标上"一专到底"，明确核查内容，明确建设标准，做到心中有数。在责任上"一包到底"，每个小组的负责人，明确工作职责，强化责任落实，做到心中有底。在效果上"一实到底"，按照"家家见面、户户过堂、村村过关"的要求，详细登记，认真核对，掌握真实情况，做到核查数据精准。

（二）建立台账，查漏补缺更细致

为实现脱贫攻坚打法精准、效果明显，坚持安全饮水"不落一户、不留一人"的原则，认真梳理汇总并建立了安全饮水需求台账，并围绕农村安全饮水评价准则和脱贫攻坚评估标准，按照"缺什么，补什么"的原则进行推进，扎实完成脱贫攻坚任务。

（三）整合力量，任务推进更高效

整合水务部门和施工单位的技术力量，对已实施的饮水工程全面检查，对有故障的水井及时维修，同时加强督促施工单位的工程进度和工程质量，要求尽快完善相关资料，及时有序开展好农村饮水安全工程完工验收移交和问题台账销号、工程资金拨付、工程结算审计等工作，让建成的农村饮水安全工程实物尽快形成固定资产。

（四）加强宣传，促进水源分配更和谐

针对因水井具体位置分布情况导致户与户之间的水源点争议

问题。一是提高村民对机井、水箱等设施的日常管理和维护意识；二是规范村民取用水行为，制定惩处措施，并写入村规民约进行约束。

截至 2018 年底，徐闻县 120 多个老区村已经建成安全饮水设施工程 199 宗，水利建设工程 129 宗，农村饮水安全工程完成近半。这些项目有效改善了老区村群众的生产、生活条件，促进老区群众的民生建设，对老区群众脱贫致富起到一定的促进作用。

四、改造公共文化设施

公共文化设施是公共文化服务体系建设的基础平台，是展示文化建设成果、开展群众文化活动的重要阵地。公共文化设施的建设和管理水平，直接关系到人民群众基本文化权益的实现和文化发展成果的共享程度。

近年来，徐闻县革命老区的农村文化事业在全省建设社会主义新农村发展大潮中，在上级部门的关心和支持下，尤其是省、市、县三级党委、政府为开展老区农村文化事业下拨了专项资金，为农村公共文化设施送来了"春风"和"及时雨"，改变了老区农村文化事业一穷二白的面貌，取得了一些初步成效。至 2018 年底，全县有 90 个老区村分别建起 90 座文化大楼，106 个老区村分别建起 106 个篮球场，103 个老区村分别建起 103 个健身娱乐场。文化广场、戏剧楼、博物馆、图书阅览室、体育健身场、文化茶园、村级文化活动室或阵地等形成了多级公共文化设施网络。

第三节 加强乡村治理 发挥保障作用

随着我国农业农村改革的逐步深入，徐闻老区乡村治理也开始面临新的矛盾和挑战，乡村治理的有效性未能得以完全显现，主要表现在：有些农村基层组织软弱涣散，缺乏战斗力、凝聚力和创造性，一些农村党员干部能力不足，服务意识不强，限制了农村基层党组织领导核心作用的充分发挥，削弱了基层党组织在农村的战斗堡垒作用；大量农村人口外流特别是高素质农民的外流，导致村委会班子成员素质和工作能力下降，从而影响了乡村治理的社会基础和组织基础；等等。在高水平全面建成小康社会的决胜阶段，如何有效解决乡村治理中面临的问题，踏踏实实，一步一个脚印，努力实现乡村治理有效，顺利推进乡村振兴战略，越发显得尤为迫切。

（一）加强基层政权建设

在党的有力领导下，徐闻县革命老区村注重加强基层政权建设，在调整充实村级领导班子，配置人员过程中，始终把提升农村干部能力素质作为提升基层组织力的一项基础性工程，努力培养讲政治、素质高、爱农民的农村干部队伍。同时，对为害一方的村霸、黑恶势力坚决打击，保证农村党员干部队伍的纯洁性。

（二）加强制度建设，为治理提供有力保障

近年来，加强乡村治理，在老区乡村形成了"制度先行"的理念，乡村治理体系和治理现代化相关的制度，都在阳光下操作，增强乡村工作的透明度。同时，培育乡村醇厚的道德氛围和良好的乡风，鼓励开展村规民约等形式的自我规范。同时，通过制度建设为"产业兴旺、生态宜居、乡风文明、治理有效、生活富裕"的乡村振兴战略的实施打下坚实的基础。

（三）提升现代意识的治理能力

为真正实现乡村治理体系和乡村带头人治理能力现代化，徐闻老区强调平等、公平、正义、民主、科学，掌握现代管理方法特别是充分运用互联网技术等，使乡村成为更好享有世界和人类最先进文明成果的探索创新地。以互联网、大数据为例，由于不少农村用于生态农业、治安管理、监督检查、反腐倡廉、培训授课、民情调研，所以效果非常显著。还有的乡镇直接聘请国内高级专家学者给广大干群授课，传授先进的科学技术、管理经验、治理能力。

（四）依法推进治理

徐闻县在全面推进老区乡依法治理的进程中，大力宣传《民法通则》中公民的人身权和财产权如何受法律保护和造成侵权要承担哪些责任；《婚姻法》中婚姻自主，婚姻自由，家庭成员关系，家庭成员间享有的权利、义务及责任，促进家庭和睦；《劳动法》《劳动合同法》《工伤保险条例》中劳动者享有哪些权利，应尽哪些义务，对侵权行为如何运用法律武器维护其合法权益等；同时加大对《农村土地承包法》《土地管理法》《消费者权益保障法》等与农民息息相关的法律法规的宣传，让村民自治在法制的框架内进行，通过法制规范自治和乡风民俗，通过法制制约违法违规行为。

（五）健全完善村民自治制度，推进村务公开

完善民主选举机制，是保证选举依法、公平、公正、公开，促进农村基层民主政治建设的保障。徐闻老区规范了民主决策机

制，真正落实村民的知情权、参与权、表达权和监督权；健全民主管理和民主监督机制，强化民主监督的激励与保护机制，以保障村民民主权利、激励村民有序参与，从而真正提高乡村治理水平。

培育乡风文明　抓好灵魂工程

　　乡风文明主要指的是乡村文化的一种状态，它表现为农民在思想观念、道德修养、知识水平、行为操守以及人与人、人与社会、人与自然的关系等方面继承和发扬民族文化的优良传统，适应时代变化并不断创新，以形成积极、健康、向上的社会风气和精神风貌。可见，乡风文明属于精神文明的内容，是乡村精神家园的底色，是乡村振兴的灵魂所在。

　　建设现代化强县，徐闻革命老区更加注重乡风文明和精神文明建设，在实施乡村振兴战略中走在全县前列，形成依法经营、诚实守信、整洁有序的市场环境；提升农村社会的和谐稳定程度；提高农民的科学文化水平，抵制封建迷信、黄赌毒等不良习气的侵染；创造丰富多彩的文化成果，不断满足农民群众的精神文化需求，取得了可喜成效。

（一）推进移风易俗，培育文明乡风

　　徐闻县通过树立良好的社会风气，依托文化宣传栏、文化长廊、微信公众号等平台深入开展社会主义核心价值观进农村、进家庭等宣传活动，把社会主义核心价值观相关内容融入文艺演出，将社会主义核心价值观编写成家风家训、村规民约等，使广大群众在日常生活中深受感染和教育，潜移默化影响群众，培育群众积极向上的正能量。同时，全面开启"星级文明户"创评、开展"传承家风家教　树立家国情怀"主题演讲比赛、开展"移风易

俗"专题讲座等活动，倡导群众自觉弘扬诚实守信、孝老爱亲、邻里团结等传统美德，养成讲文明、爱卫生的良好习惯。

（二）群众文化显现生机

到 2018 年底，徐闻县老区几乎实现文化活动阵地全覆盖，正常开展图书借阅等活动，其中农家书屋每周开放不低于 42 个小时，并及时更新了党的十九大相关书籍，农用技术、革命故事、旅游推介等各类书籍，让群众通过农家书屋，了解到最新的时政消息、政策方针和农用技术等，不断提高群众文化生活素养，形成文明好习惯、树立文明新风尚。村级文化服务中心正逐渐成为群众精神文化的"加油站"。徐闻老区村逐步出现，唱歌跳舞的多了，打架斗殴的少了；看书读报的多了，打牌搓麻将的少了；遵规守矩的多了，惹是生非的少了；移风易俗的多了，愚昧迷信的少了，文明新风随处可见。

近年来，不少老区村的群众自发组织起来，唱歌跳舞，健身娱乐。村级文化活动也开始发展，全县有近 100 个老区村成立起业余歌舞团体、开心乐队、健身队、农村威风舞龙队，人数近 6000 人。老区以广场舞、健身舞、排舞等为主要内容的群众文化活动正以星火燎原之势迅速遍及乡村。他们的文艺演出结合乡村特色，从群众需求出发，送文艺进村、唱红歌、搭建百姓大舞台，点亮了老区新生活。

（三）重塑新时代乡贤文化

乡贤文化根植于乡土，蕴含着见贤思齐、崇德向善的精神，如和睦乡邻、辛勤劳动、艰苦创业、保护环境等能够被村民认同并自觉内化。徐闻老区村发挥乡贤主力军、自治好帮手、公益热心人、文化引领者等角色优势，为乡村振兴注入新动能，带动农村精神风貌的改变，提高乡村的文明水平，引导村民努力学习科学文化，自觉遵守法律法规、村规民约等。

保护革命遗迹　传承红色基因

位于徐闻东区的下洋、前山、新寮等革命老区镇具有光荣的革命历史，是徐闻抗日战争时期和解放战争时期的革命根据地，至今保存的革命历史遗址有中共南路特委（徐闻）抗战指挥部旧址、徐闻党组织创建人林飞雄故居、解放前夕徐闻县委办公旧址、徐闻东区新型干部学校（半岛公学）旧址、解放海南岛渡海作战大军驻地、烟楼三雷地下联络站等许多弥足珍贵的红色资源，并每年争取投入资金维修保护和建设，日趋完善。

徐闻县革命老区村，随着"红色村"党建示范工程的实施，使代代相传的红色基因焕发出新的生命力，推动着昔日贫困村走上乡村振兴之路。

在"红色村"党建示范工程建设中，在徐闻县委、县政府领导下，县老促会、县党史研究室着重对革命遗址进行保护、修复，收集整理革命斗争史料和经典红色故事。2018 年下洋镇墩尾村在保护原徐闻县临时工委历史建筑的基础上，布置还原当时办公场景，同时把撤销的村学校教学楼改造为小型展览馆，生动展示下洋革命根据地时期的文献、照片等。此外，充分挖掘、整理徐闻县的革命历史和人物故事，推出一系列"红色现场课"，将该展览馆建设成"红色基因传承基地"，并且打造成下洋镇红色历史文化旅游核心区。

徐闻县角尾乡放坡村位于徐闻西南部，距县城 30 多千米。该村是一个古老的渔村，始建于秦汉年间，村原名为北宋坡，因北宋大文豪苏东坡贬谪海南岛儋州，获赦归途中，乘儋州船家一叶扁舟，于北宋坡登岸停留一宿，并作诗一首，"重登观骇浪，儋耳送归来，可喜兴文教，帆书谢大才"。当时村民遂将村名改为"放坡"以示追念。1932 年，这里成立了徐闻南路游击队西区游击队中队，抗战时期、解放战争时期，多次的海上游击战斗和解放海南岛规模最大的军事行动就发生在这里。由于位置偏僻、交通不便，长期以来放坡村发展十分缓慢。

2016 年，徐闻县委、县政府在角尾乡启动建设中国大陆"南极村"以来，放坡村发生了很大变化，该村以"红色村"建设为契机，大力实施乡村振兴战略，坚持"红色领航、绿色发展"理念，走出一条"党建引领＋红色文化＋乡村旅游"的乡村振兴之路。在新农村建设中，放坡村充分发挥生态海洋业和沿海渔村旅游两大优势，挖掘当地特色的海洋文化、渔家文化、珊瑚文化、东坡文化、红色文化，规划以游千顷盐田、领略东坡遗风、体验坐牛车看珊瑚、住珊瑚民宿、观灯楼角灯塔、赏海景、逛渡海作战指挥所等为主要内容的休闲娱乐线，努力打造一个"宜居、宜商、宜游"的沿海特色美丽"南极村"。在县委、县政府的支持与引导下，放坡村围绕珊瑚主题打造出了第一批民宿。随着"南极村"建设的不断推进，一些村民或外地游客也在这里投资建设民宿。这些民宿有的利用闲置旧房子修旧如旧进行适当改造。设计师结合当地的自然风貌与人文情怀，选用海边俯拾皆是的珊瑚、贝壳做材料，变废为宝，打造出独具特色的珊瑚民宿。也有部分是全新设计建造的珊瑚民宿，其中最著名的当属"南极村"艺术家部落的灯塔民宿，曾经被广东省旅游局评为全省首批十大"最美民宿"之一。2017 年中央电视台《魅力中国城》就在"南极村"艺术家部落取景拍摄，并且荣登湛江市推荐的钻石旅游目的地之一。

　　放坡村跟其他滨海渔村一样，拥有阳光、沙滩、椰林、海浪、仙人掌等，但又跟其他滨海渔村大不一样，它坐拥中国大陆架面积最大、品类最多、保护最完好的珊瑚礁群。潮水退后，村庄附近的海滩上随处可以捡到各种各样的美丽珊瑚、贝壳。红色村已成为"网红村"，不断吸引着省内外的旅游爱好者前来观光旅游。

附　录

附录一
革命人物

据记载，徐闻在革命战争时期牺牲的革命烈士 113 人，其中大革命时期 1 人，抗日战争时期 22 人，解放战争时期 36 人，解放海南岛战役船工 54 人。这些英烈在与敌人英勇作战中，付出年轻的生命，用血肉之躯铸筑了一座顶天立地的丰碑。

（一）本籍革命人物

徐闻是一块革命热土，本籍仁人志士一般都是在外地读书，受到革命思想熏陶和影响，走上革命道路的。后来，具有家国情怀的他们被党组织委以重任，返回家乡开展革命斗争活动。诸如：大革命时期徐闻党的领导人程赓，抗日战争时期徐闻党组织重建者之一林飞雄，中共徐闻县委第一任书记谭国强等。他们不畏强暴，面对错综复杂的革命形势，一如既往与敌人抗争，充分体现了领导才能和组织能力，为徐闻解放事业立下不朽的功勋。

程　赓

程赓，号烈保，1900 年 7 月 12 日出生于徐闻县英利圩（今属雷州市）一个小商人家庭。幼年时，程赓一家多次遭受土匪洗劫，又受该圩劣绅的欺凌迫害，处境非常艰难。

1921 年，程赓到香港当工人，因受进步思想影响，开始信仰马列主义。1924 年，他用自己的积蓄购买枪支弹药，秘密转运回广州等地支持工农革命。

程赓

1925 年 6 月，程赓响应党的号召参加香港工人大罢工和省港工人举行的大规模反帝示威游行。在参加省港大罢工期间，程赓加入了中国共产党。后来，他又按照中共三大的要求，以个人名义加入国民党。

1925 年冬，国民革命军南征，程赓受中共广东区委、团广东区委委派，并以国民党中央农民部特派员的身份随军南下，开展以工运为中心的群众运动。12 月，任海康县农民协会筹备委员。

1926 年 2 月，广东省国民党南路特别委员会委任程赓为徐闻县党部筹备员，并负责农运工作。在徐闻县，他积极宣传国共合作的革命主张，同时深入城乡访贫问苦，教育工农大众组织工会、农会。不久，程赓等人先后组织成立了徐城手工业者协会和博爱农民协会。不久，因筹备成立国民党徐闻县党部，遭到反动县长谭鸿任等人的极力阻挠和破坏，程赓被迫暂离徐闻。

1926 年 4 月，程赓配合南路农民运动领导人黄学增，创办了雷城农民宣传讲习所。同月成立海康县农民协会。6 月，任中共海康支部委员。

1926 年 9 月 10 日，海康县英利民团保卫局局长邓志圣，勾结海康县县长苏民和驻防军营长陈公侠，出兵包围海康县农民协会，诬陷程赓"引匪济匪，蒙蔽驻防军队"，将他逮捕。当天下午 6 时，程赓被海康县国民党右派秘密杀害，时年 26 岁。

林飞雄

林飞雄，原名林成道，字飞雄，1919 年 10 月出生于徐闻县下洋镇地塘村。

1937 年，卢沟桥事变后，参加进步学生组织的抗日宣传队，到遂溪、海康、徐闻等地宣传抗日救国。

1938 年秋，林飞雄赴遂溪县参加青年抗敌同志会，被调到泮塘村开展工作。他以教书为掩护，致力开展抗日救亡教育，办抗日夜校，组织村农会、妇女会、儿童团、农民自卫队等，使泮塘村成为遂溪县抗日救亡运动最活跃的村庄。

林飞雄

1939 年下半年，林飞雄在遂溪县加入中国共产党。同年冬，受中共遂溪中心县委派遣，返回徐闻县开展抗日宣传和重建党组织工作。在下洋中心小学，他以教书为掩护，组织进步师生上街游行，宣传抗日，抵制并销毁日货。

1940 年 4 月，林飞雄根据上级党组织的指示，离开徐闻，负责沟通雷州地区的人际关系，做好妥善安置外地共产党员及进步青年来徐闻工作。他先后安置了一批外地共产党员到下洋乡村小学任教，并秘密开展革命活动。

1942 年 3 月，在林飞雄等人的努力下，经中共南路特委批准，中共徐闻县特别支部在后村小学成立。

1943 年 2 月，根据斗争需要，林飞雄辞去教育科员职务，出任前山中心小学校长。他就任后，把教导主任及教员全部换上共产党员和革命青年。同年下半年，在前山中心小学成立了秘密党支部，并在学生中发展新党员。1945 年 5 月，国民党县政府撤销林飞雄校长职务，并以"驱逐汉奸"为名，强令外地教师离开徐闻。

1945 年 2 月 13 日，林飞雄带领下洋地区抗日游击小组和南路人民抗日解放军第一支队第一大队，发动了震惊雷州的下洋武装起义，打击了一批国民党顽固派，捣毁下洋镇公所。2月20日，起义队伍遭到国民党顽固派的"围剿"，他被迫撤离徐闻到遂溪县南区工作。1947年5月，任遂南区区长。6月，任中共遂南工委委员兼遂南区区长。1948年2月，任中共遂南县工委委员，同时兼任遂南区委书记和区长。

1948年5月上旬，林飞雄赴东海岛西山村参加重要会议。同月11日下午4时许，乘交通船返回遂南区途经九曲湾（即调琴港）时，与国民党地方军运粮船相遇。国民党军用机枪猛烈扫射，林飞雄不幸中弹牺牲，时年29岁。

谭国强

谭国强，1919年5月出生于徐闻县下洋镇净坡园村一个农民家庭。1943年1月，在中共党员林飞雄的引导下，他走上了革命道路，同年8月加入中国共产党。

1945年2月，谭国强参加了震惊雷州的下洋武装起义，打击了一批国民党顽固派。后随部队撤往遂溪县坚持游击斗争，任连队指导员兼政工队队长。1947年4月，任遂溪县西南区委书记。

谭国强

1948年2月，谭国强受中共雷州工委派遣，返回徐闻县负责党的全面工作。1949年1月，任中共徐闻县临时工作委员会负责人。4月，任中共徐闻县工作委员会书记兼徐闻县人民政府县长。同年8月，任中共徐闻县委书记兼县长。在他的领导下，徐闻县建党、建军、建政工作迅速发展。1949年10月22日，徐闻县宣告解放，成为高雷地区最早解放的一个县。同年 12 月，他兼任徐闻县支前司令部司令员，领导全县人民投入支援解放海南岛渡海作战之中，为支援解放海南，作出重大贡献。

1951 年后受到错误处分和不公正对待，调往阳春县工作达 21 年之久。

1979 年 2 月，中共湛江地委决定恢复谭国强的党籍与职务，调任湛江地区供销社副主任、党组副书记。1984 年 12 月离休，享受副厅级待遇。1999 年 3 月，谭国强在湛江病逝，享年 80 岁。

郑质光

郑质光，1925 年 9 月出生，徐闻县前山镇昌仔村人。1942 年 6 月加入中国共产党。1945 年 2 月后，任中共海康东区工委委员、别动队指导员。1947 年 10 月，任中共徐闻组织联络员。1949 年 1 月，任中共徐闻县临时工委委员。3 月，兼任中共徐闻县东区委书记。4 月，任中共徐闻县工委委员。8 月，任中共徐闻县委委员。1949 年 12 月，兼任徐闻县东区支前司令部政委。1950 年 4 月，先后任广东省阳春县春湾区委书记、阳春县农业局副局长等职。

郑质光

1980 年 7 月，郑质光任徐闻县二轻局局长。1980 年 11 月，任徐闻县人大常委会副主任。1984 年 5 月至 1987 年 4 月任政协徐闻县第二届委员会主席、党组书记。1987 年 4 月离休。1991 年病逝。

陈德盈

陈德盈，又名陈若奋，1923 年 11 月出生，徐闻县下洋镇内村园村人。1942 年毕业于广州湾益智中学初中部。1944 年 8 月，加入中国共产党，在徐闻县下洋、前山、锦和、曲界一带开展地下革命活动。

1945 年 5 月至 1947 年 10 月，任徐闻县党组织联络人。1947 年 10 月至 1948年 12 月，在下洋、前山一带开展武装斗争，曾任武工队队长。1949 年 1 月，任中共徐闻县临时工委委员。4 月，任中共徐闻县工委委员。8 月，任中共徐闻县委委员。11 月，兼任中共附城镇支部书记。12 月，任徐闻县西区支前司令部司令员。1950 年初，在广州南方大学学习。1950年 5 月至 7 月，任徐闻县整编委员。1950年 8 月至 1951 年 4 月，任徐闻县委代理

陈德盈

秘书。1951 年 5 月至 12 月，在广东革命干部学校学习。1951 年12 月至 1953 年 11 月，在茂名搞土改运动。1953 年 11 月因病返回徐闻治疗。1954 年 2 月病逝。

戴元生

戴元生，生于 1907 年，徐闻县城南乡博爱村人。1926 年春考进徐闻县高级小学就读，受到共产党员程赓的影响，思想进步。

同年夏，在程赓、吴运瑞的领导下，深入农村搞群众工作，组建了博爱农民协会。不久，农民运动受挫折，他离开徐闻到海南。1928 年夏，与中共琼崖组织取得联系。同年冬，到南洋发动

侨胞捐款为共产党购买枪支弹药。回海南后，根据党组织的指示，在海口市红坎坡成立了徐闻会馆（也称"难民救济所"）。中共琼崖组织遭到破坏后，戴元生被捕，后越狱，考入广州国民大学就读。在校期间与吴运瑞取得联系，参加了该校的革命地下组织。不久，又考入广州燕塘军校学习，入校第二个月就被国民党当局逮捕。为营救他，共产党地下组织曾多次发动军校学生提出抗议，迫使国民党当局于 1932 年 12 月将其释放。出狱后，党组织安排他赴法勤工俭学。1933 年 1 月在办理出国护照时再次被捕，同年就义，时年 26 岁。

陈昌进

陈昌进，1923 年生，汉族，出身于徐闻县下洋镇下港村一个贫农家庭。

1942 年，19 岁的陈昌进，参加下港小学的夜校学习，后来又参加飞鹰球队。在校长张宗彩和同志们的教育帮助下，陈昌进对革命有了认识，觉悟大大提高，参加了下港地下抗日游击小组。

1945 年 2 月，下洋起义失利后，陈昌进随起义部队北上向海康大牛岭撤退。抗战胜利后，上级党组织为了保存实力，组织部队西征，陈昌进也随部队（老一团）西征。在部队里，他机智勇敢又有毅力，对敌斗争坚决果断。西征不久，他被编入部队组织的飞龙大队，进入越南境内，准备攻击法国兵的一个据点。这个据点楼房坚固，围墙外有一个足球场，法国兵喜欢踢足球。飞龙大队为了攻下这个据点，计划用内外夹攻的办法，便组织一批人先潜入敌人内部去做杂工，总共潜入 36 人，陈昌进是其中之一。不久，潜入敌阵的同志侦悉了敌方比赛足球的时间。可是到了球赛那天，因下了小雨，敌方只准球员进球场，其他人不准进，很多法国兵坐在楼房的栏杆上看踢球。在一个栏杆上坐着 10 个敌人，消灭这 10 个敌人的任务落在陈昌进身上。一个人消灭 10 个敌人，并非易事，平时善于动脑筋的陈昌进准备了一盘可口的鲜果便端上楼去，先分给坐在前边的法国兵吃，接着走到栏杆的尾端，边走边说："等一等，我再去端来。"就在法国兵猝不及防的瞬间，他把栏杆上的 10 个兵都推落楼下，再开枪射击，10 个敌兵被击毙了。

1946 年农历四月的一天，部队组织战士上山砍木料、割茅草盖营房。陈昌进在劳动中，中暑肚痛，但他还是坚持把茅草挑回营地。因没有医药及时治疗，陈昌进不幸于第二天病故，时年 23岁。1953 年，陈昌进被追认为革命烈士。

张宗红

张宗红，1926 年生，又名张花红，出身于徐闻县下洋镇下港村一个贫农家庭。

1944 年六七月间，共产党员张宗彩执行上级指示，在下港村组织游击小组，张宗红参加了游击小组。1945 年农历正月初八日，边坡战斗结束后，暴露身份的共产党员和革命青年先后随部队撤走了，飞鹰球队队员被留下继续坚持地下斗争的有张宗红、张茂进等 10 人。1947 年 10 月，徐闻地下党联络人陈德盈组织武工队，张宗红也参加了武工队。1948 年农历二月下旬，张茂进光荣牺牲的消息传来，张宗红对国民党的血腥统治万分愤慨，表示要为牺牲的同志复仇。

1948 年农历六月，武工队在枝仔村一带活动，农历六月十七日夜里转入枝仔村祠堂，因坏人告密，武工队被敌人包围。这时，张宗红因患红眼病，还未睡着，听到动静，便第一个起身，辨识情况，并叫大家起身。可是敌人已迫近，张宗红为掩护大家突围，便冲出门口，手握着驳壳枪边打边蹲在树头下掩护，敌人的子弹扫射过来，张宗红不幸中弹。在祠堂里的同志用两支驳壳枪守着门口，打开后窗撤离祠堂。张宗红却倒在血泊里，壮烈牺牲。后来敌人砍下他的头颅，悬挂在登云塔头示众。张宗红牺牲时年仅22岁。

邱立汉

邱立汉，1921年生，徐闻县下洋镇石榴坑村人，出身贫苦农民家庭。

1944年参加革命，同年加入中国共产党。1945年2月初，参加下洋武装起义失利后，冒着生命危险，带领游击组成员，为外地共产党员及革命青年带路、送信及掩护其转移。随后参加南路人民抗日游击队，在海康、遂溪等地开展武装斗争。6月，他随游击队编入南路人民抗日解放军第一团（又称"老一团"）第三营第八连，任排政治服务员，转战于海康、遂溪等地。抗战结束后，他随军西征。

1946年11月，受党组织派遣，参加越南人民抗法战争，被编入越南人民军第四战区第五十七团第一百七十一小团第二大队，任该大队第三中队政治指导员。1947年6月间，他带领战士在越南义安大江中进行武装泅渡训练，不幸被旋涡卷没而牺牲，遗体安葬在越南义安省城郊。

杨奕生

杨奕生，1924年生，徐闻县前山镇曾家村人，出身贫苦农民家庭，秉性刚直。从小刻苦勤奋，喜欢书画。

1943年上半年，杨奕生在前山中心小学读书时，受到该校校长、共产党员林飞雄的教育培养，积极参加抗日救国宣传活动。同年下半年，由该校教师、地下党员陈少莲介绍加入中国共产党。

1945 年 5 月间，国民党徐闻当局怀疑前山中心小学有共产党员活动，强令撤销林飞雄的校长职务，并驱逐外地教师。6 月，林飞雄等共产党员和革命青年教师被逼离开前山中心小学，杨奕生受命留在前山地区坚持开展地下革命斗争。先在曾家村秘密组织游击小组，创办夜校，向青年灌输革命思想。后在冯村、禄齐等村进行革命活动，组织革命青年运用标语、雷歌、漫画等形式，揭露国民党顽固派的腐败统治。下洋武装起义失利后，地下党员陈德盈到前山工作，他与陈德盈紧密配合，在前山的 11 个村组建了游击武装，广泛开展游击活动。

1947 年，国民党徐闻当局大规模搜捕共产党员和革命青年。6 月 3 日，杨奕生在前山乡曾家村被捕。次日，在下洋圩许甲路口被杀害，时年 23 岁。

张茂进

张茂进，1927 年生，又名张周山，徐闻县下洋镇下港村人，出身贫苦渔家。1944 年，参加了村中的抗日游击小组，由于活动出色，同年参加中国共产党。

1945 年 2 月，雷州人民抗日游击队南下徐闻，发动下洋武装起义。张茂进历尽艰苦为抗日游击队带路、送信、搜集敌情。下洋起义失利后，部队北撤，他留在当地坚持地下革命活动。同年农历四月八日晚上，在下港戏场遭国民党暗杀队围捕而中弹负伤，后经中共徐闻地下组织送到新寮岛治疗，伤愈不久即返家乡工作。

1947 年，他到海康加入雷州独立营第三连，整编后奉命返回徐闻，在外罗、锦和一带开展革命活动。1948 年 3 月，因特务告密，被国民党地方当局围捕杀害，时年 21 岁。

方　堃

方堃，1920 年生，徐闻县曲界镇三河村人，出身于一个农村知识分子家庭。

1931 年 9 月，方堃考进徐闻县的乡村师范学校读书，由于他文学上的才华和一手好书法，博得了校长、老师的爱惜。

1941 年秋，徐闻中学增设简易师范班，方堃以第一名的成绩考进该校就读。1942 年 6 月，方堃在简易师范班毕业后，被学校推荐到国民党徐闻县政府当办事员，但他看不惯国民党徐闻县政府的种种腐败现象，只干了几个月就辞职回家了。方堃在其弟方野教育下，开始倾向于革命。

1945 年春节，徐闻地下党在下洋发动武装起义，方堃加入武装部队随部队北撤。抗日战争胜利后，国民党反动派调集军队对南路进行"围剿"，方堃随南路人民抗日解放军第一团西进十万大山。在征途中，方堃忍着毒疮折磨的痛苦，以顽强的毅力，从合浦行军直至最后走不动了才留在当地交通站治疗，病情稍好便到遂溪南区工作。

1947 年，党组织派遣方堃到新寮岛（当时属海康县）以教书为掩护开展革命活动。在新寮岛，方堃教育影响了一大批青年走上革命道路，并组织起秘密游击小组。根据中共海康县委指示，方堃带领秘密游击小组，到徐闻锦囊、上水（今和安）一带收缴枪支及筹集经费，供革命活动之用，曾先后收缴枪支 10 多支及光洋等财物一批。

1947 年底，方堃返回徐闻工作，在曲界坑尾、仙安、三河及下洋坎下一带恢复和发展革命力量，建立了秘密交通站，成立了游击小组，各项工作进展迅速。

1948 年初，国民党徐闻县反动当局加紧对革命人士进行捕杀，并悬赏 300 光洋通缉捉拿方堃。在长期艰苦的革命斗争中，方堃积劳成疾，不幸身染重病，但他仍坚持在仙安仕头山的草寮中一边治疗，一边开展工作。仕头村伪装革命的陈家培（西风培）禁不住国民党徐闻当局重赏的诱惑，在与当局密谋后，于 5 月 16 日雨夜，乘方堃服药昏睡之机，用木棒猛击方堃头部。方堃惊醒之后指着陈家培大骂。年仅 28 岁的方堃被杀害后，国民党徐闻当局把他的尸体抬到曲界圩示众，广大人民群众纷纷指责国民党的暴行。

苏　起

苏起，原名苏臣梅，1917 年出生于徐闻县龙塘乡锦山村（今龙塘镇木棉村委会锦山村）一个书香门第家庭。13 岁时苏起就到广州的省立一中读书，经常与进步学生吴冷西等人来往密切，并与徐闻籍革命人士邓邦俊、吴克波联系，成为学校里的革命先进活跃分子。1937 年抗日战争爆发，广州岌岌可危，苏起毅然返家乡龙塘在当地乡村小学任教师。他任教 10 年，利用课余时间，全力投身革命活动。1939 年至 1941 年，中共琼崖特委派吴必兴等在龙塘圩建立地下联络站良友茶店，组成雷琼地下交通线，接送中央、华南、南洋各地派到琼崖去的党政军领导干部和转运电台等军用物资。苏起积极配合发动群众支持联络站的工作。

1947 年，苏起投笔从军，任中共琼崖纵队独立团一营营部书记。1949 年 10 月，部队攻打铺前敌军据点，撤退时不幸沉船，他舍身勇救战友，光荣牺牲，时年 32 岁。1950 年，中央人民政府、国家民政部门追认苏起为革命烈士。

包振祥

包振祥，1898 年出生在徐闻县龙塘乡青安上村（今龙塘镇青安村委会包宅村）一个渔民家庭。

1950 年 1 月，时年已 52 岁的老舵手包振祥献出自己的船只并主动报名参加支前及解放海南岛渡海作战。1950 年 3 月 31 日，渡海作战部队从龙塘博赊起航强渡海峡。包振祥担任其中一艘主力船的舵手，当时国民党船队的炮弹落在包振祥所在的船上，一块弹片飞来削断帆索，船帆坠落，挂压在船舷边，战船倾斜，有翻船的危险。包振祥立即把船舵交给副舵手包家远，自己迅速抓起帆索断端用牙齿咬住，纵身向桅杆顶上攀登重绑帆索，一块弹片射进包振祥的左臂，但包振祥依然用惊人的毅力双腿紧紧夹住桅杆往上爬。突然一颗炮弹落在桅杆底部爆炸，桅杆被炸断，带着船帆倒下，船上的解放军连长见状，急令战士们强行登陆，不少战士壮烈牺牲。包振祥也中弹牺牲，死时双腿还紧紧地夹住桅杆，鲜血流到舱面，几乎浸透了整个驾驶台。解放海南岛战役结束后，部队给包振祥追记两次大功。中央人民政府、国家民政部门追认他为革命烈士，其事迹被载入《中国共产党革命英烈大典》。

（二）外籍在徐从事革命活动的人物

在艰苦卓绝的战争年代，到徐闻从事革命工作的外地领导人，有的是受上级党组织派遣，以加强中共徐闻组织建设，组织武装斗争力量，开辟游击根据地为工作任务；有的是以特派员身份，奉命传达贯彻上级革命斗争的战略方针，广泛发动群众参加抗日救亡运动，开展有序的革命斗争，扫除国民党反动派统治障碍，为徐闻解放事业奠定良好的基础；有的是率领部队，与徐闻武装力量一起，同敌人展开不屈不挠的殊死斗争，最终取得胜利。

他们虽然在徐闻时间短暂，但他们革命斗争精神可敬可嘉，在徐闻这块红土地上留下不可磨灭的足迹。

沈　斌

沈斌，1914年出生，湛江市东海岛西山村人。1939年3月加入中国共产党。1941年2月，任中共遂溪东区委书记。1942年秋，任中共遂溪县东南区、东海岛特派员。1947年5月，任中共遂溪中心县委副书记，兼中共遂南县工委书记。1948年8月，任中共高雷地委书记兼粤桂边区人民解放军第二支队政委。

沈斌

1949年1月3日，沈斌与支仁山率领粤桂边区人民解放军第二支队第八团解放了徐闻东区曲界镇。1月6日，沈斌在下洋镇墩尾村主持召开粤桂边区人民解放军第二支队党委扩大会议，决定成立中共徐闻县临时工作委员会。

下洋墩尾会议后，沈斌等领导的第二支队第八团从下洋出发，相继扫除了黄定、龙塘、金满堂、下桥沟尾、锦和等地国民党地方反动武装。至此，徐闻东部地区的国民党乡、保政权全部崩溃，徐闻东区宣告解放。

新中国成立后，沈斌历任湛江市副市长、广东省建工局副局长、广东省地震局副局长。离休后享受副部级医疗待遇。1986年在广州市病逝，享年72岁。

支仁山

支仁山，又名朱强，1916年4月出生，广东省遂溪县黄略镇支屋村人。

1938年8月加入中国共产党。1939年1月，担任中共遂溪七小支部负责人。同年10月，任中共遂溪中心县委委员。1940年5

月，任中共遂溪县委书记。1941 年 5 月，任中共雷州中心县委委员。1942 年秋，任中共遂溪县东、中片特派员。1944 年 10 月，任雷州人民抗日游击队第一大队大队长。1945 年 1 月，任南路人民抗日解放军第一支队第一大队（朱强大队）大队长。5 月，任南路人民抗日解放军第二团团长。

支仁山

1945 年 9 月起，先后担任中共雷州特派员核心成员、高雷地委委员、粤桂边区人民解放军第二支队司令员和粤桂边纵队政治部副主任。1949 年 1 月 3 日，支仁山率领粤桂边区人民解放军第二支队第八团解放了徐闻东区曲界镇。1 月 6 日，支仁山在下洋镇墩尾村参加粤桂边区人民解放军第二支队党委扩大会议，决定成立中共徐闻县临时工作委员会。会后，支仁山带领第二支队第八团从下洋出发，相继扫除了黄定、龙塘、金满堂、下桥沟尾、锦和等地国民党地方反动武装。至此，徐闻东区宣告解放。

1950 年，支仁山任中共高雷地委委员、高雷军分区政治部副主任。11 月 21 日，因肺部病情恶化，在广东省军区医院病逝，享年 34 岁，葬于广州银河革命公墓。是年底，广东军区追认支仁山为革命烈士。

马如杰

马如杰，又名马德良，1914 年出生，广东省遂溪县界炮乡老马村人。1938 年，参加抗日宣传活动。1939 年 5 月，加入中国共产党，曾任遂溪人民抗日联防大队大队长、中共遂北县委书记、粤桂边区人民解放军第八团政委。

1949 年 1 月 3 日，马如杰参与率领粤桂边区人民解放军第二支队第八团解放了徐闻东区曲界镇。1 月 6 日，粤桂边区人民解放军第二支队党委在下洋镇墩尾村召开党委扩大会议，决定成立中共徐闻县临时工作委员会。会后，马如杰等带领第二支队第八团从下洋出发，相继扫除了黄定、龙塘、金满堂、下桥沟尾、锦和等地国民党地方反动武装。至此，徐闻东区宣告解放。

马如杰

1951 年 3 月至 6 月，马如杰任中共徐闻县委书记。后调任中共化州县委第二书记、粤西行政公署民政科长、农林处副处长。1953 年 11 月，担任中共阳春县委书记。1956 年 6 月，任湛江专署副专员。1957 年 2 月至 1961 年 3 月兼任中共阳春县委第一书记。1965 年 8 月，任广东省贫下中农协会副秘书长。"文化大革命"期间，马如杰遭受严重迫害。1978 年 11 月，马如杰冤案彻底平反，任广东省贫下中农协会副主席。

1984 年 8 月，马如杰在广州病逝，终年 70 岁。

卢　明

卢明，广西钦廉地区人。1948 年 6 月，任人民解放军粤桂边区第二支队政治部主任、第二支队党委委员。1948 年 12 月底，根据中共高雷地委的决定，卢明与沈斌、支仁山等率领粤桂边区人民解放军第二支队第八团从遂溪中区出发，经湛江通明港乘船南下，在海康东海仔官湖村登陆后继续向徐闻县进发。

1949 年 1 月 3 日，卢明参与率领粤桂边区人民解放军第二支队第八团解放了徐闻东区曲界镇。1月6日，卢明参加了粤桂边区人民解放军第二支队党委在下洋镇墩尾村召开的党委扩大会议。会议决定成立中共徐闻县临时工作委员会。

卢明

下洋墩尾会议后，卢明等带领第二支队第八团从下洋出发，相继扫除了黄定、龙塘、金满堂、下桥沟尾、锦和等地国民党地方反动武装。至此，徐闻东部地区的国民党乡、保政权全部崩溃，徐闻东区宣告解放。

1949年8月，卢明调入中国人民解放军粤桂边纵队工作。

郑世英

郑世英，又名郑仕英，1906年出生，广东省遂溪县洋青镇田头仔村人。

1939年8月，加入中国共产党，后被党组织委派到化州县从事地下工作。1943年，经党组织同意到梅菉警察所任警长，进行策反和内线联络工作。年底，任遂海边境联防大队第三中队指导员。1944年11月，任雷州人民抗日游击队第二大队副大队长。1945年1月，任南路人民抗日解放军第一支队第三大队大队长。1945年5月，任南路人民抗日解放军第二团副团长。1946年9月，任遂溪县军事领导小组副指挥。1947年4月，任粤桂边区人民解放军新编第二团团长。1948年4月，任粤桂边区人民解放军第二支队第八团团长。

郑世英

1949 年 1 月 3 日，郑世英等率领粤桂边区人民解放军第二支队第八团解放了徐闻东区曲界镇。1 月 6 日，粤桂边区人民解放军第二支队党委在下洋镇墩尾村召开扩大会议，决定成立中共徐闻县临时工作委员会。会后，郑世英等带领第二支队第八团从下洋出发，相继扫除了黄定、龙塘、金满堂、下桥沟尾、锦和等地国民党地方反动武装。至此，徐闻东区宣告解放。

1949 年 8 月后，郑世英等先后任粤桂边纵二支队副司令员、司令员等职。新中国成立后，被授予"三级解放勋章""独立自由勋章"和"八一"勋章。

郑世英从部队转业地方工作后，先后任国家地质测验局航测队党支部书记、地质部驻西安办事处副主任、广东省地质局 401 地质队党总支书记、703 地质队党委副书记、广东省石油工业管理局勘察大队副大队长和遂溪县副县长等职。1965 年，因病离休。1988 年病逝，终年 82 岁。

庄梅寿

庄梅寿，又名钟增壮，化名陈明江，1923 年出生于湛江市东海岛东山镇脚踏村一个农民家庭。1929 年在东海小学读书。1935 年，在中共党员郑仲瑞的教育下，积极阅读进步书刊。1938 年 8 月，在遂溪中学读书期间，参加了遂溪县青年抗敌同志会。1939 年 3 月参加南路地区特别守备区学生队。

1939 年 12 月，庄梅寿加入中国共产党。1941 年 1 月，任中共遂溪县委委员。1943 年 3 月至 1944 年 4 月，任中共徐闻县特派员。他主持徐闻工作时，积极发

庄梅寿

展党组织，大力发动群众建立抗日武装队伍，坚持"联防自卫，保卫家乡"，开展敌后斗争。在他的领导下，徐闻党组织先后吸收林树松、方野、谭国强、张宗彩、林昌威、杨奕生、张典桥等参加中国共产党。

1944年4月，庄梅寿经徐城去西区活动时，被国民党政警队扣押并遣送出县境。他离开徐闻后，即到海康县、遂南区继续开展革命活动。10月，任雷州人民抗日游击队第一大队第二中队指导员。

1945年2月，庄梅寿随南路人民抗日解放军第一支队南下徐闻举行下洋武装起义。5月，任南路人民抗日解放军第一团（又称老一团）第三营政委。9月，老一团奉命西征广西十万大山。1946年4月5日随西征部队挺进越南，进驻高平省。11月，任老一团（整编为越南第四战区第57中团第171小团）政治处副主任兼第三营政委。

1947年8月，庄梅寿从越南回到广西组织武装起义，被任命为右江地区工委军事部部长。8月31日，庄梅寿参加了万岗起义，占领万岗县城。后因一中队长勾结国民党反动派发生叛变，庄梅寿在突围时被叛兵开枪击中，光荣牺牲，时年仅24岁。

陈醒吾

陈醒吾，又名陈仲伦，1917年11月出生，遂溪县洋青镇泮塘村人。1938年12月参加革命工作，同年加入中国共产党。1939年5月任中共泮塘村支部书记，10月任遂溪中区委书记。

1940年6月，他被派到梅菉市开展革命工作。1944年4月至1945年5月任中共徐闻县特派员。他到徐闻后，大力发展党组织和地下抗日游击小组，为建立徐闻抗日游击根据地做准备。建立了地塘、三河、下港和边坡党支部或党小组，发展党员20多名。

1946 年 6 月至 1947 年 4 月任中共遂溪南区特派员。1947 年 5 月至 1948 年 2 月任中共遂溪中心县委（雷州工委）委员。1948 年 4 月至 1949 年 1 月任中共遂北县委书记。后任高雷地委组织部部长、雷州地委组织部部长、粤桂边区党委干部科科长、高雷地委办公室副主任。

陈醒吾

　　1950 年 3 月，陈醒吾任中共海康县委书记。1951 年 8 月任中共吴川县委副书记。1952 年 5 月任中共吴川县委第三书记。1953 年 4 月任廉江县委副书记。1954 年 5 月起，先后任越南土改顾问、国营珠江农场党委书记兼场长、广东省委农村工作部处长、广东省人民委员会农林水办公室处长等职。1975 年 4 月病逝。

吴德新

　　吴德新，1913 年生，湛江市麻章区太平镇洋村东村人。

　　1942 年初，中共南路特委派遣原广州湾支部培养的一批骨干来徐闻县开辟新区工作后，在药店工作的吴德新以行医、经商为掩护，经常护送革命骨干来徐闻检查指导工作。

　　1943 年 2 月，根据中共南路特委发出的"联防自卫，保卫家乡"的指示，到徐闻开展抗日斗争，吴德新到徐闻县和安乡水头圩一带活动，负责筹办"日美庄药店"和"联泰鱼行"，筹措抗日活动经费。这样，吴德新以新开设的药店、鱼行为秘密地下交通联络站，为开展革命活动提供方便。同时，通过经商赚钱，又弥补了活动经费不足。吴德新在组织经商活动中，认真执行上级的指示，遵守组织纪律，克己奉公，团结同志，出色地完成了工作任务。

1944 年冬至 1945 年春夏间，为了做好迎接南路部队进入徐闻，配合当地党组织发动武装起义的准备工作，领导让吴德新参加游击队，任经济组组长，并加入中国共产党。从此，他更加积极工作，立即安排妻子返回老家，深入农村做群众工作，收集情报，收税、筹粮、备款，组织抗日游击小组，开展抗日保卫家乡斗争。农历三月十九日，当他去大文村发动妇女制鞋，准备慰劳在前方坚持斗争的战友时，因坏人告密，遭到国民党徐闻县和安乡乡兵伏击，不幸被捕坐牢。敌人妄图逼他自首叛变，供出我方情况，借机消灭革命力量。但他经受严刑拷打，宁死不屈，后被敌人押往白水塘，连同军村坡塘农场抗日游击小组的陈妃喜、李妃伍、容佳娘、陈亚福等 4 位成员一起惨遭枪杀，壮烈牺牲。

林增仁

林增仁，1931 年生，外号"马仔"，遂溪县东海岛（现湛江市开发区东山镇）人。解放战争初期在东海参加革命活动。

1948 年 2 月，他受中共高雷地委派遣，到徐闻开展地下革命活动，配合徐闻武工队员在新寮、下洋、前山等地开展武装斗争。不久，国民党徐闻当局疯狂"围剿"和血腥镇压革命力量。在这艰苦的斗争关头，他和徐闻革命者风雨同舟，奋起反击敌人的"围剿"，日夜奔波于山村林地。艰苦的生活和恶劣的环境，使他患了严重的疟疾。患病期间，他住在下洋边坡村或附近的山林里，一边养病，一边坚持战斗，不为病魔的折磨和艰苦的生活所动摇，对革命的胜利始终充满信心。

1948 年 7 月 27 日夜里，他同部分武工队员在田西村附近的竹林里休息。次日凌晨，被国民党徐闻县警察局中队长曾启明带兵"围剿"。在突围时，他因病体弱，行走困难，中弹负伤被俘后，被国民党的刽子手就地杀害，牺牲时年仅 17 岁。

陈同有

陈同有，1913 年出生在湛江市麻章区太平镇造甲村的一个贫农家庭。

1948 年，陈同有在遂溪南区一带参加革命活动。1948 年初，因革命需要，陈同有背井离乡，到徐闻半岛公学学习。5 月，学习结束后，他被分配到徐闻县白龙乡，即现在的龙塘镇丰祝村一带工作。当时丰祝村一带，匪特活动猖獗，环境恶劣。陈同有革命意志坚定，不畏艰险，积极开展工作。他与其他同志一起住在丰祝村。白天组织群众开展革命活动，晚上为免遭敌人搜查，他就到村边的牛栏里过夜。这年秋天的一个晚上，匪特潘士贤等侦悉陈同有等人在丰祝村的行踪，于是向国民党徐闻当局告密，陈同有在敌人围捕中中弹牺牲。

曾尚纪

曾尚纪，1912 年 5 月 13 日生，派名昭松，又名大梁，出身于福建省莆田县的一户农民家庭。

1930 年读高中时参加革命。1932 年 9 月被国民党顽固派监禁，受尽严刑拷打，后经党组织的营救出狱。1934 年在党组织的安排下远赴南洋，到新加坡当教员，参加当地革命斗争。1940 年马来亚共产党发动新加坡 10 万橡胶工人举行大罢工，反对侵略战争、反对强横剥削。任教于新加坡一所学校的曾尚纪参加马来亚共产党领导的抗敌后援会，支援中国抗日救亡，不幸被捕入狱。后被英殖民当局驱逐出境，返回中国。回国经香港时和中共驻港办负责人廖承志联系上，廖承志代表党中央将他的马共党员转为中共正式党员，并派他经广州湾往海南岛工作。年底又将他调往中共南路特委。

1941 年初，中共南路特委委员潘云波布置曾尚纪组织一批革命青年到徐闻开辟新区。5 月间，曾尚纪奉命到白龙乡龙塘小学工作，直接领导先期往徐闻的广州湾青年开展抗日斗争，为救国救民奔波劳碌。

1942 年寒假，曾尚纪回到广州湾世基小学。1943 年，日军侵占雷州半岛。8 月，中共南路特委又派曾尚纪带一批同志进入徐闻，与原在徐闻工作的同志共同战斗。他一边抓办学，一边发动群众，加强统战工作，争取群众抗日，发展当地爱国进步势力。1945 年 3 月，中共南路特委成立了徐闻县临时工作领导小组，曾尚纪为主要成员。他率领党员撤至白马寮一带以蒸樟油、烧炭、种田为掩护开展革命活动。1946 年，中共南路特委根据工作需要，派曾尚纪到广西南宁工作，不久转到广西东南区任中共特别支部委员。1947 年因工作需要，他再次返回广州湾东海岛地下党出版处工作。1948 年 3 月 7 日病逝。新中国成立后，中央人民政府正式追认曾尚纪为革命烈士。

革命旧址与纪念场馆

　　中共徐闻县委、县政府重视保护和修复革命旧址工作。但由于各种原因，一些革命旧址尚未得到完全修复。目前县委党史研究室、县老区建设促进会等有关部门，经过调查考证并造册登记，计划通过多渠道争取资金，逐年修复和保护。

徐闻县革命旧址与纪念场馆简况

名称	时间
徐城手工业者协会活动旧址	1926 年 3 月，徐城手工业者协会在今徐闻县徐城打铁街成立
徐闻博爱农民协会旧址	1926 年 5 月，徐闻博爱农民协会在今徐闻县南山镇博爱村成立
赤坎仔农民协会旧址	1927 年 6 月，赤坎仔农民协会在今徐闻县和安镇赤坎仔村成立。
中共麻罗（外罗）特别支部旧址	1927 年下半年，中共南路特委在麻罗圩建立徐闻县第一个党组织——中共麻罗（外罗）特别支部
林飞雄故居	位于今徐闻县下洋镇地塘村，1938 年秋，林飞雄曾在此居住
打银交通站旧址	1939 年 5 月，琼雷地下交通线打银交通站在今徐闻县迈陈镇打银村设立

（续表）

名称	时间
徐闻县抗日宣传活动中心	1939 年冬，徐闻县抗日宣传活动中心在今下洋镇中心小学设立
良友茶店交通站旧址	1940 年 2 月，琼雷地下交通线良友茶店交通站在今徐闻县龙塘镇旧圩设立
中共徐闻县特别支部旧址	1942 年 3 月，中共徐闻县特别支部在今徐闻县下洋镇后村小学成立
中共前山中心小学临时支部旧址	1943 年 2 月，中共前山中心小学临时支部在今徐闻县前山镇飞雄小学成立
下洋坎下革命农场旧址	1943 年春，下洋坎下革命农场在今徐闻县下洋镇坎下村建立
谭国强故居	位于徐闻县下洋镇净坡园村，1943 年 8 月谭国强曾在此居住
三雷地下革命联络站旧址	1944 年 7 月，三雷地下革命联络站在今徐闻县新寮镇烟楼村设立
中共下港村支部旧址	1944 年下半年，中共下港村支部在今徐闻县下洋镇下港小学成立
下洋武装起义指挥部旧址	1945 年 2 月，下洋武装起义指挥部在今徐闻县下洋镇地塘村祠堂设立
边坡战斗发生地	1945 年 2 月 20 日，在今徐闻县下洋镇边坡村发生边坡战斗
中共徐闻县交通联络情报总站旧址	1946 年 6 月，中共徐闻县交通联络情报总站在今徐闻县下洋镇枝仔村原黄智祥家设立

（续表）

名称	时间
地下联络站华元堂旧址	1946 年 7 月，地下联络站华元堂在今徐闻县迈陈镇南安街设立
中共前山支部旧址	1946 年 8 月，中共前山支部在今徐闻县前山镇冯村小学成立
地下联络站群和堂旧址	1947 年 2 月，地下联络站群和堂在今徐闻县迈陈圩设立
田圮村地下联络站旧址	1947 年 7 月，田圮村地下联络站在今徐闻县迈陈镇田圮村设立
下洋枝仔遭袭事件发生地	1948 年 7 月，在今徐闻县下洋镇枝仔林宅村祠堂发生下洋枝仔遭袭事件
北区交通联络站旧址	1948 年 10 月，徐闻县北区交通联络站在今徐闻县下桥镇沟尾村设立
徐闻县武装排成立旧址	1949 年 1 月，徐闻县武装排在今徐闻县下洋镇边坡村祠堂成立
徐闻县第一武装连成立旧址	1949 年 2 月，徐闻县第一武装连在今徐闻县下洋镇那屋村祠堂成立
徐闻县学生连成立旧址	1949 年 2 月，徐闻县学生连在今徐闻县前山镇和家小学成立
雷州半岛公学旧址	1949 年 2 月，雷州半岛公学在今徐闻县下洋镇净坡园村建立
徐闻县山狗吼税站和海战连活动旧址	1949 年 3 月，徐闻县山狗吼税站和海战连在今徐闻县前山镇山海村原林诗仁家成立

（续表）

名称	时间
徐闻县独立营成立旧址	1949 年 3 月，徐闻县独立营在今徐闻县下洋镇后村成立
徐闻县人民政府成立旧址	1949 年 4 月，徐闻县人民政府在今徐闻县下洋镇净坡园村原谭国强家成立
中共徐闻县委旧址	1949 年 8 月，中共徐闻县委在今徐闻县下洋镇墩尾小学成立
中国人民解放军第四十三军一二七师野战医院旧址	1950 年 1 月，中国人民解放军第四十三军一二七师野战医院在今徐闻县龙塘镇龙榜村设立
解放海南岛战役前线指挥所旧址	1950 年 2 月，解放海南岛战役前线指挥所在今徐闻县龙塘镇赤坎村设立
解放海南启渡点——角尾乡灯楼角	今徐闻县角尾乡灯楼角，1950 年 3 月，中国人民解放军渡海作战解放海南时启渡点之一
解放海南启渡点——博赊港	在今徐闻县龙塘镇博赊村，1950 年 3 月，中国人民解放军渡海作战解放海南时启渡点之一
徐闻迈陈渡海作战烈士纪念碑	1973 年 10 月修建，在今徐闻县迈陈镇东莞村
徐闻县革命烈士陵园	1994 年 10 月重建，在今徐闻县徐城东方二路
徐闻前山革命烈士陵园	1999 年重建，在今徐闻县前山镇新圩
徐闻龙塘渡海作战烈士纪念碑	2003 年 10 月修建，在今徐闻县龙塘镇安留村
徐闻下洋革命烈士陵园	2009 年 3 月修建，在今徐闻县下洋镇

1925 年

10 月，中共党员程赓受中共广东区委的派遣，返回雷州半岛开展工农运动，第一站即回到家乡徐闻县。

1926 年

2 月，徐闻进步青年苏汉亭在海南岛府城省立第六师范读书时加入中国共产党。

3 月，中共党员程赓与进步青年吴运瑞、郑一林等人建立了徐城手工业者协会。

5 月 21 日，在博爱村炮楼建立了博爱农民协会，会员以本村农民为主，还有北潭、竹山、徐城等地群众加入，共 64 人。

5 月 23 日，戴元生带领农会会员往徐城会合工会会员一道游行示威，沿途张贴标语，高呼"打倒帝国主义！""打倒军阀！"等口号。

1927 年

2 月，徐闻进步青年吴克波、吴朝阳兄弟在海南岛琼山县读书时先后加入中国共产主义青年团，并积极投身革命运动。

6 月，在和安赤坎仔建立农民协会和农民自卫军。

11 月，徐闻县第一个共产党组织——中共麻罗（外罗）特别支部成立。

1928 年

4 月 20 日，杨石魂主持召开了徐闻、海康、遂溪三县负责人联席会议，部署了雷州地区的工作，特别对徐闻党组织的工作做出了明确的安排。

6 月，戴元生在海南与中共琼崖组织取得联系。为了沟通海南岛与大陆的联系，在海口市红坎坡建立徐闻会馆（称"难民救济所"）。

1933 年

3 月 21 日，徐闻县简易师范学校进步师生上街宣传抗日，抵制日货，并在县城一些商店搜出一批日货当众焚毁。

1935 年

9 月，徐闻县下洋地塘村革命青年林飞雄考进省立十中就读。在校期间，他参加了进步师生组织的读书会，积极投入爱国救亡运动。

1937 年

8 月，正在省立十中读书的林飞雄参加了由革命青年邓麟彰、唐才猷组织的抗日宣传队，经常到雷州城、乌石圩、遂溪、徐闻县城宣传抗日救国，并利用假期回到家乡下洋镇开展宣传活动。

1938 年

10 月，刚中学毕业的林飞雄赴遂溪参加了青年抗敌同志会。

12 月，吴必兴与徐闻进步青年李起蛟、苏臣梅（苏起）、林成福、曾精益、黄丕昌、叶颜真等在龙塘西洋村组建了大众抗日教学团，这是徐闻县第一个抗日救国团体。

1939 年

5 月，广东琼崖民众抗日自卫团独立总队副官陈玉清在徐闻县迈陈镇打银村梁玉阶家设立了地下交通联络站。

8 月，由邓麟彰、唐才猷介绍，林飞雄加入了中国共产党。

11 月，为开辟徐闻革命新局面，中共遂溪中心县委派遣中共党员林飞雄返回徐闻开展革命工作。

1940 年

2 月，吴必兴与龙塘群众、革命青年苏君育在龙塘圩合股创办良友茶店，良友茶店成为徐闻一个重要的地下交通站。

1941 年

2 月，上级党组织派遣女共产党员何婉莹、支秋玲、陈少莲、王惠莲、王惠强、陈少珍、王婉玲和女革命青年沈志英、林英、林碧云（林明山）、林琴英等到徐闻下洋、前山、曲界、锦罗、龙塘等地开展革命活动。

5 月，中共雷州中心县委成立，加快了徐闻党组织发展。

1942 年

3 月，在中共南路特委的领导下，中共徐闻县特别支部在今徐闻县下洋镇后村小学成立。

1943 年

4 月，共产党员王惠莲在下洋净坡园村组织了姐妹会，会长陈桂兰，副会长李秀梅，会员 12 人。这是徐闻县第一个由中国共产党领导的妇女组织。

1944 年

6 月，中共徐闻县特派员庄梅寿带领唐力生等 3 人前往徐西区迈陈镇活动，途经县城时，被国民党徐闻县政警队扣押，并被驱逐出徐闻境外。

7 月，由中共徐闻县特派员陈醒吾监誓，方堃、郑均加入了中国共产党。

7 月，新寮镇烟楼村三雷地下革命联络站成立，主要接送来自徐闻、海康、遂溪的革命人士往来，开展地下游击活动。

8 月，中共下港村支部正式成立，张宗彩担任党支部书记。该支部组织抗日游击小组，共有成员 10 多人。

1945 年

2 月 13 日，为反击国民党顽固派的镇压，开展独立自主的抗日斗争，在南路抗日力量的支援下，中共徐闻组织发动下洋武装起义，掀起了徐闻抗日斗争的高潮。

8 月 15 日，日本宣布无条件投降，徐闻县组织民众上街游行庆祝。

1946 年

4 月，中共党员陈世增、陈昌成、陈妃养、谭少芳、陈钟奇等从遂溪转移到徐城，在革命青年陈英美的协助下建立徐城地下交通情报站。

6月，全面内战爆发，为适应新的斗争形势，徐闻党组织在艰难困苦中逐步开辟了徐东、徐中、徐西、徐北等游击区。

8月，中共前山支部在冯村小学成立，邓如大任支部书记。

9月，中共海康东区片组织在新寮岛吸收韩启瑞、唐志土、郑茂儒、邱德谋、李时用、陈开森等入党，成立中共新寮小组，韩启瑞为组长。

10月，中共琼崖特委为加强与徐闻及南路的联系，在海南琼山县成立了徐闻县工作委员会。

12月，中共下洋后村支部成立，林昌威任书记，林大秀、黄玉慈分管组织、宣传工作。

1947 年

1月，徐西区的劳希文、劳度昌、郑均章、劳广昌、黄大昌、金汉发、陈耀南、钟业全、钟林泽、林祯兰、劳廪昌、郑妃任和蔡茂权等进步青年加入了革命队伍并发挥了骨干作用。

4月，陈德盈、王强在下洋西尾湖村组织召开了革命青年骨干分子大会，西尾湖村附近一带村庄共有70多名代表参加，大会成立了联村同心会，推举王强为会长。

9月，中共新寮支部成立，有党员7人，韩启瑞任党支部书记。

1948 年

2月，中共雷州工委派遣中共遂南县工委委员、遂溪西南区委书记谭国强返回徐闻担任徐闻党组织负责人。

5月，新寮武工队建立，队长邱德谋，指导员韩启瑞，队员10多人。

6月，中共徐闻组织在下洋、前山、龙塘、曲界、锦囊、外罗等地100多个村庄建立了革命据点。

7月25日，徐闻武工队在下洋枝仔村祠堂宿营，由于特务告密，被国民党警察局第一中队包围。武工队队员张宗红在突围时中弹牺牲。国民党顽固派残忍地割下张宗红的头颅，带到徐城悬挂在登云塔上示众。

8月底，为粉碎国民党重点"围剿"徐闻武工队主力的阴谋，郑质光、陈德盈带领武工队员40多人，向新寮岛方向撤退，途中与新寮武工队会合后，在新寮洋前、建寮、东边园等村庄与国民党军队小股兵力发生零星的战斗。

9月，中共高雷地委书记沈斌派遣李世英再次返回徐闻中区活动。

1949 年

1月6日，粤桂边区人民解放军第二支队党委在徐闻下洋墩尾村召开党委扩大会议。

1月12日，为适应武装斗争的需要，中共徐闻县临时工委在下洋乡边坡村祠堂，宣布成立了徐闻县武装排，排长王荣章，共有30多人，下辖三个班。

1月，中共徐闻临时工作委员会成立，并先后建立了徐闻武装排、徐闻武装连、徐闻独立营、海战连、徐英连、猛先连、善战连及各区、乡中队等武装。

2月，中共徐闻县临时工委在解放区与东部群众基础较好的游击区，初步建立了党组织、政权、武装三结合的乡级人民政权。下洋、前山、仙安、锦囊、龙塘、曲界及和安等乡政府、乡武装中队相继建立。

3月，中共徐闻临时工委在曲界成立了中共东区委员会，区委负责人郑质光。

3 月，徐闻东区下洋、前山、仙安三个乡人民政府先后建立了乡武装中队。

4 月上旬，中共徐闻县临时工委在下洋召开扩大会议。会议传达了中共雷州地委的决定：撤销中共徐闻县临时工委，成立了中共徐闻县工作委员会。

5 月中旬，国民党徐闻县保安营副营长刘健率部起义后，被任命为徐闻独立营副营长。

6 月 18 日，徐闻县独立营归入粤桂边区人民解放军第二支队建制，番号为粤桂边区人民解放军第二支队第六团第二营，8 月 1 日，中国人民解放军粤桂边纵队成立后，该营番号随之改为中国人民解放军粤桂边纵队第二支队第六团第二营。

8 月，根据中共雷州地委的指示，中共徐闻县工作委员会在下洋召开扩大会议。

9 月 1 日，中国人民解放军粤桂边纵队第二支队第四团向驻守在龙塘的国民党武装发起进攻，龙塘据点内的国民党军队仓皇逃回徐城，龙塘得到解放。

10 月 22 日，徐闻宣告解放。

1950 年

1 月 3 日，县政府发出通告，为支援大军解放海南岛，县成立支前司令部，县委书记、县长谭国强兼任司令员。

1 月 9 日，附城镇党总支为支援大军备战，组织牛车 800 多辆往县东部深山运柴。车队返经大水桥时，遭敌机轰炸扫射，死伤耕牛数头，无人员伤亡。

2 月初，全县各乡、村陆续成立农会与妇女会。

2 月 16 日，解放军第四十三军某部两艘木帆船，在白龙乡下迟村迈流隙海面，遭敌机疯狂扫射，其中 1 艘沉没，另 1 艘于当天下午 4 时左右漂流到白龙乡白水塘海面上，白水塘村渔民即将该船拖靠岸边，船上有遇难指战员 42 人。遇难指战员的遗体被运回，安葬在龙塘圩安留坡。

2 月 25 日至 3 月 5 日，为做好支援部队的工作，徐闻县委和第四十三军第一二七师政治部，联合在龙塘圩举办支前工作训练班。徐东区各乡支前工作队队员共 100 多人参加了训练班学习。

2 月下旬，人民解放军第四十军一一八师三五二团在迈西乡南岭海面海练时，突遭敌舰袭击。其中三塘船工驾驶的 1 艘木帆船与敌舰展开激战，船工吕明华、王妃裕、林翁盛、苏平春等 4 人英勇牺牲。船工戴妃琼、林广东、船管干部邱章林和 15 名解放军指战员被俘，后被敌军押至海口市杀害。

2 月，新民主主义青年团徐闻县工作委员会成立，下辖 4 个机关团支部和 4 个基层团委。

3 月 17 日，第十五兵团司令员邓华率兵团前方指挥所指战员抵龙塘赤坎仔村，直接组织指挥渡海作战。

3 月 28 日，第十五兵团司令员邓华在徐闻县主持召开了渡海作战会议。第四十军、第四十三军及炮兵部队的主要领导参加了会议，会议决定在谷雨（即 4 月 21 日）实施渡海作战计划。

5 月 4 日，第十五兵团和海南军区在海口市召开解放海南庆功大会。会上海康县新寮乡（今属徐闻县）船工李富卿被评为渡海英雄，其驾驶的船只被授予"李富卿英雄船"的光荣称号。

5 月 26 日，中国人民解放军第十五兵团在徐闻县城召开渡海作战庆功大会。

红色歌谣

（一）1937 年 8 月底，邓麟彰到徐闻县前山甲村小学任教，秘密开展抗日活动。邓麟彰召集前山地区部分知名人士和小学教师在甲村小学举办抗日救亡学习班，给学员散发抗日雷歌小册。这些雷歌内容丰富，琅琅上口。

> 五寸笔头担不倒，想起中华泪愁波；
> 唤醒同胞各兄弟，国难当头知是无。
> 日本倭贼动枪刀，攻打城池和村乡；
> 利用飞机和大炮，受遭最前卢沟桥。
> 不久天京被打下，死活多人在街巷；
> 可恨那帮汉奸狗，活捉凌迟断不饶。
> 大家尽忠为国报，拿起长矛和刀枪；
> 奋发图强齐抗战，义不容辞上战场。
> 蒋委员长蒋介石，军政大权握手上；
> 若果同心齐抗战，枪手炮弹多罗罗。
> 这段歌文不是抄，讲给三雷各同胞；
> 国民政府实在歉，听我讲明尾和头。
> 蒋介石他逆施倒，民国大权全揽操；
> 一党独裁来专政，国家又无重贤豪。
> 拿孙先生的衔号，欺骗人民手段高；
> 三民主义弄把戏，仍挂羊肉卖狗头。

世界风云看不透，日本小蛇爬过沟；

老蒋主张不抗战，装哑做聋放船流。

想这贼头行暗道，丧尽天良把兵操；

一意孤行打内战，反共猖狂这贼头。

（二）1939 年，林飞雄组织的抗日救亡宣传队和其他进步师生们经常一起到学校附近的净坡园、下港、姑村、边坡等村庄开展抗日宣传活动。他们把一些典型事例以及抗日主张编成雷歌，在群众中广为流传。

快与日本鬼仔斗，杀他难逃无归路。

保国甘当刀下鬼，不愿做个亡国奴。

车路门村蔡文尚，出海捕鱼遭灾殃。

日寇烧掉船与网，人砍四块真凄凉。

日本鬼仔真是惨，抢劫杀人并强奸。

手段恶劣确残忍，狼虎都无偌凶狂。

中华大地受侵占，民众怎能坐旁观。

挥舞枪刀齐战斗，日寇都无处隐藏。

（三）1944 年 8 月 11 日（农历六月廿三日），日、伪军残酷洗劫徐城黄黎村。劫后黄黎村满目凄凉，令人心寒。当时，曾有群众把日、伪军的滔天罪行编成了雷歌。

日寇侵徐罪累累，乌云遮日无见光；

四四年间民最惨，血海深仇永记全。

六月廿三血汩汩，日寇"围剿"黄黎村；

天光搜劫到中午，被劫了完各家门。

家内物资总劫光，祸首杀人面灰灰；

挥刀杀死李大伯，血肉模糊在家门。

强奸产妇还不算，开枪打人这罪魁；

姓曾忠和被打死，猪鸡牛羊总杀全。

贼也可恨兵可畏，贼恰劫完兵"剿"村；
牛事未过马事到，躲也无门走无门。
世上滚成浓浓水，劳苦人民心辛酸；
无做无收饥寒逼，雨压雨淋山里睡。
躲在深山无饮水，瘦骨黄皮脚手酸；
无医无药来治救，求生无门死一门。
人死成万不尽算，记下条条罪累累；
城乡变成荒山野，草木发高遮家门。
满肚含冤是苦水，无衣无粮无家归；
苦情一家难尽诉，众盼徐闻响春雷。

（四）纪念徐闻革命活动的红色雷歌。

下洋武装起义

雄师来到边坡地，杀掉官僚六条尸；
反动头子惊破胆，革命人民笑扬眉。
边坡起义是大举，血洒坡园气贯天；
推翻伪政作头彩，革命风云震雷徐。

歌唱孤胆英雄

穷寇船搁东场港，群众包围人千万；
镰刀稻叉为武器，疑兵计谋吓敌人。
耀南同志有胆量，只身亲临到船间；
敌人心慌跪求活，武器全船都缴完。

歌唱迈陈革命斗争

东莞田圮游击队，活动转移坡塘村；
战士受伤讨药治，又被敌人来包围。

群众恐惊难保卫，护送南田天未光；
后被敌人来发觉，扣押人民监里蹲。
讲是窝藏共党罪，就用严刑来拷问；
幸得敌中又有我，送百光银才脱危。

妇女之歌

妇女古来是受欺，叫地无门只望天；
幸得望来共产党，解放穷人在当时。
时刻不忘共产党，拯救穷人把身翻；
提倡男女同平等，翻身女人永不忘。
难以忘怀求解放，妇女如何把身翻；
组织参加妇女会，送信献鞋献钱粮。
钱粮献出支解放，有的亲临上前方；
有的后方搞发动，劝夫送儿上战场。
战场对敌枪打响，妇女跟随去扶伤；
白衣战士薛同志，冒险临危救伤人。
人人都争当模范，军人家属名声香；
前山有个福田婶，亲送两儿上战场。
战场不忘女力量，苦干如同男一般；
不管支前或救护，每事都无少女人。

（五）参加解放海南岛战役，被授予"渡海作战英雄""特等渡海功臣"的新寮岛船工李富卿，当地人都尊称他"功臣伯"。有一位歌手唱了一组雷州民谣。

解放海南功臣伯，富卿之名不陌生；
驾船渡海并参战，双手掌舵日和夜。
硝烟炮火琼海醒，骇浪惊涛起三更；
不惧敌人威风耍，木船扬帆浪踏平。

敌军叫娘又喊爹，战舰打沉敌丧生；
海峡之战创奇迹，富卿把舵船镇邪。
立功受奖富卿伯，捷报频传千百家；
战斗英雄出海岛，激动众人心难平。

编辑出版《徐闻县革命老区发展史》，徐闻县委、县政府十分重视，并予以大力支持。之前，县成立了《徐闻县革命老区发展史》编委会。在编委会具体指导下，由县老区建设促进会、县委党史研究室负责组织筹划，拟出写作提纲后，在广泛搜集史料认真考证、甄别的基础上，进行筛选、梳理分类、拾漏补缺，分工编写。

在此期间，除了县老区建设促进会、县委党史研究室领导全程参与外，还邀请县文化教育界钟大生、李青、刘春柳、许慎慧等 10 人协助整理撰写，并互相交换意见，多次修改，始成初稿。然后，曾权、谢胜捷、何强、邓斌从谋篇布局、文字润色、图片遴选到章节安排做了很大的努力，荏苒经年，统编成书，编委会最后审核定稿。

与此同时，还得到县地方志办公室、县统计局、县档案馆等单位提供相关史料、数据（史料、数据延至 2020 年 12 月）。本书相当部分史料均引用《新民主主义革命时期中共徐闻党史简介》《中国共产党徐闻历史简介》《徐闻革命斗争史简况》《抗战纪事》《徐闻英烈传》，还参阅了《徐闻年鉴》等书。在此，我们对支持本书编辑出版的单位和个人一并表示衷心感谢！

由于年代久远，时间跨度较大，给史料搜集整理带来一定的难度，本书虽几经修改，加上编辑水平所限，难免有疏漏欠缺或谬误之处，敬请读者指正。

编　者

2020 年 12 月 28 日

广东人民出版社 党政精品图书

围绕中心，服务大局，做最具高度、深度和温度的主题出版物

中宣部主题出版重点出版物

《中华人民共和国通史》（七卷本）

· 全国第一部反映中华人民共和国70年光辉历程的多卷本通史性著作
· 中央党校、中央党史和文献研究院权威专家倾力打造

《账本里的中国》

一册册老账本，串起暖心回忆讲述你我故事，体味民生变迁

《全国革命老区县发展史丛书·广东卷》

· 挖掘广东120个革命地区的红色记忆
· 中国老区建设促进会牵头组织

《红色广东丛书》

· 广东省委宣传部重点主题出
· 传承红色基因，弘扬革命精

本书配有智能阅读助手，为您1V1定制

《徐闻县革命老区发展史》阅读计划

帮助您实现"时间花得少，阅读体验好"的阅读目的

建议配合二维码一起使用本书

您可根据自己的学习需求，量身定制专属于您的阅读计划：

阅读服务方案	阅读时长指数	为您提供的资源类型	帮助您达到以下学习目的
1. 高效阅读	阅读频次 较低　每次时长 较短　总共耗费时长	总结类	快速学习和掌握红色精神。
2. 轻松阅读	阅读频次 较高　每次时长 适中　总共耗费时长	基础类	简单了解革命老区的历史。
3. 深度阅读	阅读频次 较高　每次时长 较长　总共耗费时长	拓展类	继承和发扬红色精神，推动老区发展。

针对您选择的阅读计划，您可以享受以下权益：

立刻获得的主要权益

▶ **专享本书社群服务**：提供创造价值与私密的深度共读服务，群内分享阅读干货，发起话题探讨
▶ **1套阅读工具**：辅助您高效阅读本书，终身拥有

每周获得的主要权益

▶ **专属热点资讯**：16周社科文学类资讯推送，每周2次
▶ **精选好书推荐**：16周文学社科热门好书推荐，每周1次

长期获得的主要权益

线下读书活动推荐：精选活动，扩充知识开拓视野
不少于1次

抢兑礼品：免费抽取实物大礼
不少于2次限时抽奖

微信扫码

添加智能阅读助手

只需三步，获取以上所有权益：

1. 微信扫描二维码；
2. 添加智能阅读助手；
3. 获取本书权益，提高读书效率。

❶ 鉴于版本更新，部分文字和界面可能会有细微调整，敬请包涵